Hanna Schott

ANGEKOMMEN!

Vier Kinder erzählen von ihrem
ersten Jahr in Deutschland

Mit Bildern von Volker Konrad

NEUFELD VERLAG

Neu

Habt ihr schon gemerkt, dass in eurer Stadt, eurer Schule oder eurem Fußballverein Kinder sind, die noch gar nicht lange in Deutschland wohnen? Manche sind erst vor wenigen Monaten angekommen und können nur ein paar Worte Deutsch.

Wo kommen die Kinder her und weshalb wohnen sie jetzt bei uns? Und wie fühlt man sich wohl, wenn man ganz neu hier ist?

In diesem Buch findet ihr die Geschichten von Kindern, die mir verraten haben, wie es ihnen geht. Alle Kinder sind neu in Deutschland, und ich fand es sehr spannend zu hören, was ihnen bei uns gefällt, was sie seltsam finden, was sie vermissen und was sie sich wünschen.

Wenn ihr die Geschichten lest, ist es ein bisschen, als würdet ihr durch ein Fenster in vier fremde Häuser gucken. Da ist vieles anders als bei uns. Aber natürlich schauen die Neuen auch uns an: Da ist vieles anders als bei ihnen. Und genauso seltsam! Es kommt eben ganz drauf an, von wo aus man guckt.
Vermutlich dauert es noch eine Weile, aber eines Tages könnt ihr miteinander reden und euch alles fragen, was ihr gern mal wüsstet. Vielleicht entdeckt ihr dann Geschichten, die mindestens so überraschend und verrückt sind wie die von Amir, Kidist, Yuna und Boss?

Ihr könnt dieses Buch übrigens von vorne nach hinten lesen. Die Reihenfolge ist aber nicht wichtig. Wenn euch eine Geschichte besonders interessiert, dann beginnt einfach mit ihr.
Falls ihr euch fragt, ob das alles wahr ist: Am Ende des Buchs habe ich etwas dazu geschrieben.

Amir

Amir kommt aus Damaskus, der Hauptstadt von Syrien. An einem schönen Sommertag fallen Bomben auf den Teil der Stadt, in dem seine Familie wohnt. Deshalb zieht die Familie zu Verwandten. Sechs Wochen später wird auch dieser Stadtteil bombardiert. Amirs Familie beschließt, Syrien zu verlassen. Einen Monat lang sind sie unterwegs. Wenn sie Glück haben, nimmt ein Bus sie mit. Oft aber laufen sie zu Fuß. Erst fliehen sie in die Türkei, dann mit einem Boot über das Mittelmeer nach Griechenland, dann nach Mazedonien, Serbien, Ungarn und Österreich. Dort dürfen sie in einen Zug steigen, und als der Herbst beginnt, kommt Amir mit seiner Familie am Münchner Hauptbahnhof an.

Oktober

Ich heiße Amir Adil al-Aziz. – Das ist dreimal gelogen!
Amir heißt Prinz. Ha, ha. Ein toller Prinz bin ich. Mein Bett ist ein weißes Metallding mit Klappfüßen. Es quietscht fürchterlich, wenn ich mich draufflege. Neben meinem Bett steht das von meiner großen Schwester, an der anderen Wand sind die Betten von Papa und Mama. Und unten, auf einer Kinderbettmatratze, liegt mein kleiner Bruder. (Okay, der liegt mir, dem Prinzen, zu Füßen. Das passt.) Mein Prinzenzimmer ist so klein, dass für unseren Koffer und die Taschen kein Platz mehr ist. Die stehen deshalb im Flur, und jeden Morgen wühle ich dort in der Kleidung herum, die wir geschenkt bekommen haben, um meine Prinzenklamotten zu finden. Das königliche Badezim-

mer teilen wir uns mit fünf anderen Familien. 22 Leute müssen da jeden Morgen durch! Ich werfe mir ein bisschen Wasser in mein Prinzengesicht, dann klopft schon jemand, der es auch eilig hat. Mama hat neulich zum Glück einen Spiegel gekauft und an den Fenstergriff in unserem Zimmer gehängt. Das spart 30 Sekunden im Bad, jedenfalls für mich. Bei Papa spart es 5 Minuten, der muss sich ja rasieren. Bei Mama 10 Minuten, bei Leenah, meiner großen Schwester, bestimmt eine halbe Stunde, nur fürs Prüfen, ob sie gut genug aussieht, und bei Omar, dem Kleinen, 0 Minuten. Da können die anderen aber froh sein. Wir sparen denen jeden Morgen eine Dreiviertelstunde Klopfen und Rufen vor der Badezimmertür!

Ich wollte aber ja von den drei Lügen erzählen. Die zweite Lüge heißt Adil. Das ist nämlich mein zweiter Vorname. Adil bedeutet Gerechtigkeit. Da kann man auch nur lachen. Was ist denn hier gerecht? Ich finde es nicht gerecht, dass wir in diesem kleinen Häuschen wohnen, wo es so eng ist wie im Hühnerstall. In Damaskus hatten wir ein großes Haus für uns allein!
„Sei froh, dass wir nicht im Zelt wohnen wie so viele andere!",
sagt Mama jedes Mal, wenn sie merkt, dass ich mich ärgere.
Okay,
stimmt.
Ich bin
mal ganz
kurz in
so einem
Zelt

gewesen. Stickig war es da. Und man konnte natürlich keine
Fenster aufmachen, um frische Luft reinzulassen. Da ist unser
Häuschen echt besser.
Trotzdem finde ich es nicht gerecht, dass ich kein eigenes
Zimmer mehr habe. Ich wette, dass die allermeisten deutschen
Kinder ein Zimmer für sich allein haben.
„Denk an das Boot", sagt Mama. „Das war 8 Meter lang, und
wir waren mehr als 70 Leute, die sich da gedrängt haben. Ohne
Betten, ohne Stühle. Das haben wir auch überlebt."
Ist ja gut. Dann hat das mit der Ungerechtigkeit eben schon viel
früher angefangen. Warum ist in Syrien Krieg, und in Deutsch-
land ist keiner? Sind die Leute hier besser? Oder haben sie
einfach nur mehr Glück?

Noch eine fette Lüge: Unsere Familie heißt al-Aziz. Das bedeutet: der Mächtige. Wer von uns fünf mächtig ist, wüsste ich mal
gern. Leenah kann sich mächtig aufregen, wenn ich irgendwas
auf ihr Bett lege. Das ist nämlich ihr kleines Reich, über das sie
herrscht (obwohl ihr Name nicht „Prinzessin" bedeutet, sondern „die Zarte". Noch so eine Lüge). Omar kann mächtig laut
brüllen, wenn ihm irgendwas nicht passt. Und Mama macht
sich mächtig viele Sorgen, glaube ich. Jedenfalls legt sie manchmal ihre Stirn so in Falten, dass die wie ein Wellblechdach
aussieht. (Besonders, wenn sie glaubt, wir sehen sie nicht.)
Und Papa ... ja, dem würde es wahrscheinlich am meisten Spaß
machen, mächtig zu sein. Papa will am liebsten jeden Tag
Sachen regeln und irgendwas entscheiden. „Heute gehe ich
zum Amt, und dann wissen wir, wie es mit uns weitergeht!"

AMIR

Das verkündet er mindestens einmal in der Woche. Und dann geht er zu der Frau, die nur knapp über die Papierstapel guckt. Die sagt immer dasselbe: „Sie müssen Geduld haben, Herr al-Aziz. Das dauert alles noch etwas. Ich kann Ihnen nichts versprechen." Wenn Papa das hört, dann schrumpft er richtig. Ich war dabei und schwöre: Man kann zusehen, wie er kleiner wird. Sein Kopf und seine Schultern fallen ein Stückchen nach vorne, und seine Jacke sieht aus, als wäre sie viel zu groß. Ein bisschen zu groß ist sie sowieso. Der Mann, dem sie früher gehörte, hatte auf jeden Fall breitere Schultern als Papa. – Toller Herr Mächtig! Und ich selbst? Wenn ich auf meinem Bett liege und so tue, als würde ich lesen, träume ich manchmal davon, mächtig zu sein. Ich trage eine schwarze Lederjacke und stelle mich breitbeinig hin. In der Hand habe ich ein Schwert, mit dem brauche ich nur eine kleine Bewegung zu machen, dann weiß der Typ, der uns nicht aufs Boot lassen will, sofort, was Sache ist, und lässt uns durch. Die Leute schauen zu mir auf. (Ich bin ziemlich groß.) Ich nicke ganz freundlich und sage: „Ist schon gut."
Bis Leenah kreischt: „Du hast mit deinen Socken mein Bett berührt!" Dann ist Schluss mit meinem Traum.

Ich sitze also hier im Klassenraum mit meinen drei komplett gelogenen Namen. Und vorne steht die Lehrerin, Frau Mora-wetz. Wegen ihr mache ich mir diese ganzen komischen Gedanken. Sie hat gesagt, ich soll mir mal ein Blatt Papier nehmen, meinen Namen drüberschreiben und darunter alle Sätze, die ich schon auf Deutsch kann. Jetzt bin ich bei meinen Namen hängen geblieben, und die Stunde ist schon fast vorbei. Bestimmt ist Frau Morawetz sauer, wenn sie mein leeres Blatt sieht. Sie erzählt gerade irgendwas von der Isar (so heißt der Fluss hier in der Nähe) und zeigt auf ein Bild. Aber ich verstehe nur ein paar einzelne Wörter. „Wasser" kenne ich schon und „Regen". Manchmal lachen die anderen. Was kann denn an einem Fluss so witzig sein? Eins ist auf jeden Fall super hier in der Schule: Kein Schüler wird geschlagen. Das gibt es einfach nicht. Es ist sogar verboten! Noch nicht mal die kleinste Ohrfeige ist erlaubt. Das finde ich klasse. Trotzdem hätte ich jetzt gern ein Blatt voller deutscher Sätze, und alle wären richtig geschrieben.

In Deutschland sind die Tage viel länger als in Syrien. „Das ist Quatsch", sagt Papa. „Jeder Tag ist 24 Stunden lang."
Das weiß ich doch. Papa kapiert manchmal nicht richtig, was ich meine. Ich weiß auch schon, dass die Tage in Deutschland im Winter kurz sind, weil es so spät hell wird und so früh dunkel. Und dass es im Sommer genau umgekehrt ist. Zu Hause gibt es nicht so einen Riesenunterschied. Aber hier ziehen sich manche Tage wie Kaugummi. Deshalb sind sie lang, egal, wie hell oder dunkel es ist. Nur wenn wir Sport haben, geht der Vormittag schnell vorbei. Beim Sport ist es egal, dass ich kein Deutsch kann. Im Rennen bin ich nämlich super, im Werfen auch. Fußball kann ich ja sowieso, aber das spielen wir leider selten. Was der Sportlehrer sagt, verstehe ich nicht, aber das

macht nichts, ich kapiere auch so, was er will. Ich glaube, ich kapiere es manchmal sogar schneller als die anderen Kinder in der Klasse, und dann flitze ich los oder hole den Ball.

Aber wenn wir keinen Sport haben, dauert es manchmal ewig, bis die Schulstunden vorbei sind. Ich sitze da, kann nichts sagen, verstehe fast nichts und warte auf den Gong. Aber wenn dann die Schule vorbei ist, ist es eigentlich noch schlimmer, weil ich nicht mehr weiß, worauf ich warte. Ich trödele auf dem Schulweg, weil ich keine Lust auf Zuhause habe. Es ist ja auch gar nicht mein Zuhause. Zu Hause gibt es ein großes Haus. Nein: Da GAB es ein großes Haus. Da ist ein schattiger Hof und ein kleiner Garten mit einem krummen Zitronenbaum. Nein: Da WAR ein Hof. Da WAR ein Garten. Da WAR ein Zitronenbaum. Falls das stimmt, was wir gehört haben. Ganz genau wissen wir ja nicht, was mit unserem Haus passiert ist. Wenn wir bei den Nachbarn mit WhatsApp nachfragen, bekommen wir komische Antworten. Oder gar keine. Und nie schickt uns einer ein Foto, damit wir sehen, wie es in unserer Straße jetzt aussieht. Ohne ein Foto glaub ich gar nichts. Papa guckt immer Nachrichten und starrt dabei auf sein Smartphone, als könnte in jedem Moment unser Haus in den Nachrichten kommen. Mama fängt immer gleich an zu weinen, wenn jemand nur „unser Haus" sagt. Dabei wissen wir doch echt nicht, was damit ist.

Also: Ich gehe nach Hause, aber es ist gar nicht mein Zuhause. Ich habe hier zum Beispiel keine Playstation. „Das ist wahrscheinlich das einzig Gute an unserer Flucht", sagt Mama. Und Papa unterstützt sie auch noch! „Der Abschied von dem Teil

war sowieso mal nötig",
sagt er, und dann macht
er völlig dusselige Vor-
schläge: Ich könnte zum
Beispiel mal mit Omar
spielen. Omar ist vier! Da
gehe ich schon lieber ins

Gemeindehaus, wo am Samstag mit den Flüchtlingskindern
gebastelt oder gespielt wird. Basteln fand ich zwar schon in
Damaskus doof, aber bei den Spielen ist auch ein Tipp-Kick. Das
ist das beste Spiel, das ich kenne (wenn man keine Playstation
hat). Beim Tipp-Kick vergesse ich manchmal, dass ich auch mit
den Kindern im Gemeindehaus nicht reden kann. Dann schreie
ich: „Mach doch! Los!" Natürlich auf Arabisch. Dabei reden
manche Kinder Albanisch, die anderen irgendwas Afrikanisches.
Dann sind da noch Jungs aus Afghanistan, die reden aber Per-
sisch. Ein ganz schönes Durcheinander. Die deutschen Frauen,
die den Raum aufschließen und die Spiele aus dem Schrank
holen, versuchen manchmal, mit uns Englisch zu reden, aber
das verstehe ich ja auch nicht.

Eine der Frauen ist ein bisschen lustig. Sie will immer, dass wir
alle zusammen singen. Sie nimmt ihre Gitarre, und dann legt
sie los. Ganz laut singt sie, und ihre roten Locken wippen dazu.
Alle sollen aufstehen und zu ihrem Lied Bewegungen machen,
klatschen und trampeln. Die Kleinen finden das super, aber
ich schäme mich immer ein bisschen. Ich brumme dann vor
mich hin, als hätte ich schon eine tiefe Stimme wie Papa, und

wackele ein bisschen mit den Armen. Vielleicht machen die Deutschen ja so was, damit sie bei dem schlechten Wetter bessere Laune kriegen?

Aber heute ist Freitag, und ins Gemeindehaus kann ich erst wieder morgen gehen.
Ich werfe mich auf mein Bett und gucke mir die Risse an der Decke an. Neben dem längeren Riss hängt eine kleine weiße Dose. Ab und zu blinkt dort ganz kurz ein rotes Licht. Ich zähle langsam, um herauszufinden, wie viele Sekunden zwischen dem Blinken vergehen. Komisch. Ich glaube, es blinkt gar nicht regelmäßig. Vielleicht ist die Dose kaputt? Vielleicht weckt sie uns gar nicht, wenn es hier mal brennt? Soll ich das Mama sagen? Sie ist in der Gemeinschaftsküche und backt irgendwas für heute Abend.
Ach nein, lieber nicht. Mama macht sich eh schon tausend Sorgen. Wenn ich sie jetzt auch noch auf die Idee bringe, es könnte hier mal brennen...

Ich drehe mich auf den Bauch und angele nach meiner Schultasche. Das

Kind, dem die Tasche mal gehört hat, mochte wohl Delfine. Na
ja, besser als Hello Kitty. Das Blau sieht eigentlich ganz schön
aus.

Ich ziehe das Blatt raus, auf dem nur eine Zeile steht: Amir
Adil al-Aziz. Der Rest ist ja leer geblieben, weil ich so lange
über meine Namen nachgedacht habe. Jetzt schreibe ich doch
noch was auf. Ich mache mal eine Liste aller Wörter, die ich auf
Deutsch kenne und die echt wichtig sind.

Bst. Oder schreibt man das: Pßßßt? Vielleicht Zzzzzt?
So ein Geräusch macht Frau Morawetz bestimmt 20 Mal pro
Stunde. Es muss so was wie „Ruhe!" oder „Haltet die Klappe!"
bedeuten, denn sie macht es nur, wenn es ihr zu laut ist. Alle
Kinder halten dann einen Finger vor den Mund und zischeln
auch wie die Schlangen. Okay, nicht ganz alle. Aber leiser wird
es dann schon. Diesen Schlangentrick hat sich Frau Morawetz
bestimmt ausgedacht, weil sie denen, die Krach machen, keine
Ohrfeige geben darf.

Supermarkt. Das ist ein Riesenladen, in dem es alles Mögliche
gibt. Zu Hause gibt es auch Supermärkte, meint Papa, am Rand
der Stadt. Aber da haben wir nie eingekauft. Wir sind immer
in den kleinen Laden gegenüber gegangen, wenn wir Orangen
oder Kichererbsen kaufen wollten, und in den am anderen am
Ende der Straße, wenn wir Nägel brauchten. Und in noch einen
anderen, wenn wir ein T-Shirt kaufen wollten. Die Deutschen
packen alles in Kisten und stellen es in denselben Laden. Der
ist natürlich riesig. Bei uns geht man in die meisten Läden
gar nicht richtig rein, sondern steht davor und sagt, was man

will. Alles ist offen, und man kann von der Straße sehen, was es gibt. Hier siehst du von der Straße aus nur große Scheiben, und die sind auch noch halb zugeklebt. Du gehst durch eine große Tür und kommst in eine Halle. Durch die läufst du dann kreuz und quer, bis du alles gefunden hast, was du brauchst. Das musst du selber schaffen, kein Mensch hilft dir dabei. Nur an der Kasse sitzt ein Mensch. Der sagt aber nur „Grüß Gott!" und erzählt dir nicht, wie lecker die Orangen heute sind oder dass er extra für dich die Datteln ein bisschen billiger macht. Er muss auch gar nicht rechnen, denn das macht die Kasse selber. Ziemlich praktisch, aber auch ganz schön langweilig, glaube ich. Wenn das mein Laden wäre, würde ich lieber die Sachen schön hinstellen, aus den Orangen Türme bauen und den Leuten Tipps geben, was sie heute kaufen sollen. Zu Hause rechnet Mohammed immer alles auf einem Zettel aus, und dann knüllt er den in der Hand zusammen und sagt: „Für dich kostet das nur 1000 Lira, mein Kleiner!"

Polizei. Das Wort ist leicht, es ist in allen Sprachen ganz ähnlich. Ich kann ja noch nicht viele Wörter in der neuen Schrift, aber was auf den Jacken der Polizisten stand, sah überall fast gleich aus. In der Türkei war das Wort etwas kürzer, in Kroatien länger, und davor, in Griechenland, stand es überall zweimal. Die Griechen haben noch eine andere Schrift, nicht arabisch und nicht deutsch, irgendwas dazwischen. Wir hatten auf dem ganzen Weg immer Angst vor der Polizei. Dauernd haben die Polizisten laut gerufen, aber wir haben meistens nicht gleich kapiert, was sie wollten. „Wir machen einfach immer das, was die Leute in der Schlange vor uns tun", hat Papa gesagt. Die Polizisten hatten Hunde dabei und Gummiknüppel in der Hand. Einmal stand ich ganz nah vor einem großen Hund, und weil von hinten alle fürchterlich drängten, bin ich dem Hund fast auf die Pfote getreten. Der hatte zwar einen Maulkorb, aber ich habe so eine Angst bekommen, dass ich wie ein Baby auf Papas Arm wollte. Papa hat mich mit links gepackt (auf dem rechten Arm saß schon Omar), und dann konnte ich sehen, wie sagenhaft lang die Schlange war, in der wir standen.

Hier steht oft ein Polizeiauto vor unserer Unterkunft. Ein Mann und eine Frau sitzen da drin. Wenn ich von der Schule komme, winken die beiden mir zu. Sie passen auf uns auf, sagt Mama. Ich wüsste ja gern, ob die Polizistin echt schießt, wenn jemand uns überfallen will. Das kann ich mir nicht vorstellen. Eine Frau auf Verbrecherjagd? Die kann doch gar nicht so schnell laufen wie ein Mann. Oder doch? Ich würde die Frau im Polizeiauto gern mal fragen. Aber ein bisschen Angst vor der Polizei habe ich immer noch. Und ich weiß ja auch gar nicht, wie man das auf Deutsch sagt: „Kannst du richtig schnell rennen? Und traust du dich zu schießen?"

„Amiiiir!"
Omar ruft. Ich soll mit ihm auf den Spielplatz gehen. Na gut. „Allah liebt gute Taten", sagt Opa immer. Mit dem kleinen Bruder stundenlang zu wippen und zu schaukeln, zählt bestimmt als gute Tat. Wenn Opa wüsste, wie öde dieser Spielplatz ist, würde er das als drei gute Taten zählen! Zu Hause sind wir einfach auf die Straße gegangen und haben gespielt, irgendwas. Meistens haben wir gekickt. In unserer kleinen Straße waren immer jede Menge Kinder – natürlich nur vor dem Krieg. Dann war Schluss, und wir mussten drinbleiben. Am Ende sind wir nicht mal mehr zur Schule gegangen, weil es zu gefährlich war. Hier darf man immer rausgehen. Kein Mensch guckt zum Himmel, um zu sehen, ob da Militärflugzeuge fliegen. Aber wo sind die ganzen deutschen Kinder? Warum spielen sie nicht draußen? Na, denen hat ja auch niemand die Playstation geklaut.

März

Ein halbes Jahr sind wir
schon in München. Jetzt
müssen wir hier weg.
Am Anfang habe ich
gar nicht gewusst, wie
die Stadt heißt, wo wir
wohnen. Wir haben ein-
fach immer „Deutschland"
gesagt, auch wenn wir
nach Hause gesimst haben.

„Wir sind jetzt in Deutschland." – „In Deutschland schneit es
heute." Und mein Onkel hat zurückgeschrieben: „Wie geht es
euch in Deutschland?" – „Ist der Schnee in Deutschland nicht
gefährlich?"
Jetzt weiß ich, dass wir in Ottobrunn sind. Das ist eigentlich
nicht München, aber fast. Man merkt gar nicht, wenn man von
einer Stadt in die andere kommt, die Straßen und Häuser gehen
einfach immer weiter. Aber bald sollen wir irgendwo hinziehen, wo weniger Leute sind und mehr Platz ist. Wenn ganz
viele Leute unbedingt in derselben Stadt wohnen wollen, dann
bekommt nämlich der eine Wohnung, der das meiste Geld
zahlen kann. Wir also schon mal nicht. Nur wo nicht so viele
hinwollen, können wir die Miete bezahlen.

Franzi, die Frau, die uns immer besucht und guckt, ob alles okay
ist, hat uns das erklärt. Dafür hat sie sogar einen Übersetzer

mitgebracht. Die Sache mit dem Umzug ist nämlich total wichtig, und wir müssen jede Kleinigkeit ganz genau kapieren.
Der Übersetzer war aber ziemlich lustig. Leenah und ich mussten jedenfalls immer aufpassen, dass wir nicht loslachen. Franzi hat komisch geguckt und wusste gar nicht, was wir haben. Dabei hat der Übersetzer so ein lustiges Arabisch geredet. Er kommt nämlich aus Marokko. (Das hat Papa uns aber erst nachher erklärt.) In Marokko reden die Leute ganz anders als bei uns zu Hause. Manchmal hat er Wörter gesagt, die auch Mama und Papa nicht kennen, und dann haben sie versucht, den Übersetzer zu übersetzen, von Arabisch in Arabisch.

Franzi hat natürlich nicht verstanden, warum das alles so lange dauert. „Sabar – Geduld!", hat Mama gesagt und ihr einen Tee gekocht. Franzi weiß aber gar nicht, wie man Tee trinkt. Sie hat sich fast die Finger verbrannt, weil sie das heiße Glas gleich angefasst hat, statt zu warten. Und dann hat sie vergessen, ganz viel Zucker reinzutun. Der Tee hat bestimmt grässlich geschmeckt. Wie der Tee bei Beerdigungen. Aber Franzi hat sich nichts anmerken lassen.

Also: Wir sollen jetzt irgendwo hinziehen, wo die Leute, die viel Geld haben, nicht wohnen.

Mama findet das gar nicht schlimm. Sie freut sich sogar darauf. „Weiter weg von München soll es ganz viele grüne Wiesen geben. Und Kühe. Und große Bauernhöfe! Da ist es bestimmt ruhiger als hier. Und Omar kann draußen spielen."

Franzi will uns helfen, eine Wohnung auf dem Land zu finden. Gestern war sie noch mal da, mit einer großen Karte. Auf der hat sie uns gezeigt, wo wir hinziehen könnten. Ich kann mir nicht einen Namen merken. Papa hat so getan, als könnte er es, und immer gesagt: „Jaaa …, also da …, aha."
Mama hat bei jedem Ort gefragt: „Sind da schon andere Syrer?" Das weiß Franzi aber nicht.
Und Leenah sagt sowieso seit Tagen: „Ich bleibe hier und warte, bis uns einer rausschmeißt. Ich will nicht schon wieder in eine andere Schule gehen."
Dabei ist es eigentlich ja super, dass wir hier raus sollen. Das heißt nämlich, dass wir in Deutschland bleiben dürfen. Wir sind jetzt keine Flüchtlinge mehr, die noch nicht wissen, ob sie vielleicht doch zurückgeschickt werden. Nur die dürfen nämlich in diesen engen Häuschen bleiben.

Zurückgeschickt …! Ich denke noch ganz oft an Damaskus. Aber ich will lieber neben einem Kuhstall wohnen, als jeden Tag Angst haben, dass mir eine Bombe auf den Kopf fällt.
Dann ziehen wir eben dahin, wo nur wenige Leute sind. Lang-weiliger als hier kann es in einem Dorf auch nicht sein. Eigent-lich bin ich sogar ein bisschen gespannt. Vielleicht müssen wir nicht mehr alle in einem Zimmer schlafen? Oder ich darf zur

19

Schule reiten? Ich weiß ja nicht, wie das auf den Dörfern hier ist.

„Ich glaube, wir brauchen uns gar nicht tausend Gedanken zu machen", sagt Papa. Es ist ja nicht für lange. Sobald der Krieg vorbei ist, gehen wir zurück nach Damaskus."
„Dann ist es doch für lange", sagt Mama und seufzt.
„Ich geh erst zurück, wenn alle Häuser wieder aufgebaut sind", sagt Leenah. „Ich will ja nicht Maurer werden. Und Floristinnen brauchen sie erst später."
Leenah träumt davon, einen eigenen Blumenladen aufzumachen. Da will sie dann supertolle Sträuße binden und ganze Säle schmücken, für Hochzeiten und große Feiern.
Stimmt. Dafür sollte es schon wieder ordentlich aussehen in Damaskus. Sonst haben die Leute ja auch gar keine Lust zu feiern.

In der Schule haben wir nur noch zwei Tage Unterricht, dann sind wieder Ferien. Und nach den Ferien gehe ich vielleicht schon in die neue Schule irgendwo auf einem Dorf.
Der Grund für die Ferien ist Ostern. Das hat Frau Morawetz erklärt. Ich glaube, außer mir wussten auch ein paar andere in der Klasse nicht, was Ostern ist. Deshalb hat sie das gleich für alle erklärt und nicht nur für die, die zu ihr in den Reli-Unterricht gehen.
Ostern dauert fünf Tage. Drei Tage davon sind traurig, und zwei sind fröhlich. (Ob das wirklich so ist, weiß ich ja nicht, aber so hat es Frau Morawetz erklärt.) An allen Tagen geht es um Jesus. Aber an den lustigen Tagen geht es auch um Hasen und

Eier. Das kann man jetzt schon bei Aldi merken. Die Hasen sind aus Schokolade, und die Eier sehen gar nicht wie Eier aus, sondern sind bunt gefärbt. Manche sind trotzdem echte Eier, manche sind aus Schokolade. Einen Jesus aus Schokolade habe ich noch nicht gesehen.

An dem ersten traurigen Tag ist Jesus gefangen genommen worden. An dem zweiten hat man ihn umgebracht, total brutal. An dem dritten war er tot und lag im Grab. An dem ersten fröhlichen Tag ist er wieder lebendig geworden. Am zweiten fröhlichen Tag ist eigentlich nichts Neues passiert, aber die Erwachsenen müssen trotzdem nicht arbeiten, und die Kinder müssen nicht in die Schule. Einfach, damit die fröhliche Zeit nicht so schnell zu Ende ist.

Jesus hat vor langer Zeit echt gelebt. Das sagt auch Papa, denn das steht im Koran. Trotzdem will Papa nicht, dass ich zu Frau Morawetz in Reli gehe. Ich habe dann eine Stunde Unterricht mit allen, die auch kein Reli haben. Da reden wir über alles Mögliche, nur nicht über Jesus und Mohammed. Ich glaube, die machen das, damit wir uns nicht streiten.

Im Klassenraum steht jetzt ein Strauß mit bunten Eiern. Ich bin mal sehr gespannt, ob man in der Stadt merkt, dass drei Tage traurig und zwei Tage fröhlich sind.

Juli

Ich bin der Knecht vom Bauern Huber! Das ist wieder ein bisschen gelogen, aber nicht so gelogen, wie wenn ich sage: Ich heiße Amir, der Prinz.

Knechte gibt es gar nicht mehr. Die gab es nur früher. Sie haben auf dem Bauernhof gewohnt und die Arbeit gemacht. Aber das Haus gehörte ihnen nicht und die Kühe und Felder und das alles auch nicht. Dafür mussten sie für ihr Zimmer nichts bezahlen und für ihr Essen auch nicht. Und ein bisschen Geld haben sie auch noch bekommen.

Das hat mir Bauer Huber erklärt. Und ich hab fast alles sofort kapiert – so gut Deutsch kann ich jetzt schon!

„Du bist mein kleiner Knecht, Amir!", hat Bauer Huber gesagt und mir auf die Schulter geklopft.

Am Abend habe ich zu Hause beim Essen allen erklärt, was ein Knecht ist.

„Dann nennen wir dich jetzt Abd al Aziz!", hat Papa gesagt. „Knecht des Mächtigen."

Wie jemand, der wahnsinnig mächtig ist, sieht Bauer Huber nicht aus. Aber immerhin hat er 40 Kühe und 3 Pferde. Und einen Traktor mit gigantischen Rädern!

In Penzing gibt es nur noch ganz wenige Bauernhöfe. Die Kinder aus dem Dorf wollen nämlich alle Ärztin werden oder Rennfahrer oder Computerspiele-Entwickler. Aber keiner will auf dem

Bauernhof arbeiten.
Darüber haben wir sogar
in der Schule gespro-
chen. Und dann haben
wir einen sehr schönen
Film gesehen: „Land-
wirtschaft in Bayern".
Aber danach wollte
immer noch keiner Bauer
werden.

Hier kann man auch den
ganzen Tag in der Schule
bleiben. Es gibt ein Mit-
tagessen, und danach
kann man spielen und
Hausaufgaben machen.
Sogar rumtoben kann
man und Kicker spielen.
Trotzdem verschwinde ich lieber gleich nach der letzten Stunde
und bringe den Ranzen nach Hause. Ich esse schnell was und
laufe zu Bauer Huber. Der macht dann zwar meistens gerade
Mittagsschlaf, aber das ist mir egal. Ich klettere über das Tor in
den Kuhstall und unterhalte mich ein bisschen mit den Kühen,
bis er aufwacht. Den schönsten Kühen habe ich einen Namen
gegeben. Und den kleinsten. Meine Lieblingskuh heißt Habibi.
Sie hat ein hellbraunes Fell, das ein bisschen wie der Wüsten-
sand aussieht. Und zwischen den Hörnern hat sie eine helle,

strubbelige Mähne, die sich so ähnlich anfühlt wie die Fransen an Omas Kissen. Halb weich und halb hart.

(Oma hat übrigens eine Mail geschickt, aber Papa und Mama wollen sie mir nicht vorlesen. Ich hab schon dreimal gesagt, dass ich jetzt endlich wissen will, was da drinsteht, aber sie sagen es mir nicht.)

Das kleinste Kälbchen hab ich Samira genannt. So heißt das Mädchen, das in Damaskus in meiner Klasse vor mir saß. Der Knopf im Ohr von dem Kälbchen sieht fast wie ein Schmuck-stück aus, so was wie ein riesiger goldener Ohrstecker. Der steht ihm total gut.

Wenn Bauer Huber aufsteht, nehmen wir jeder einen großen Besen und fegen die Stallgasse, aber nicht nur den Weg zwi-schen den Kühen, sondern auch die Rinne, aus der die Kühe fressen. Die muss ja sauber sein, damit man das neue Futter reinschütten kann. Das ist ganz schön viel Arbeit, und der Besen ist so schwer, dass ich einfach eine Pause machen muss.

Bauer Huber ist zwischendrin dauernd am Handy, fast wie Leenah. Immer muss er irgendwas organisieren, neben dem Stall hat er sogar ein richtiges Büro.

Einmal haben wir zusammen auf die Wetter-App geguckt. Er muss ja wissen, wann es regnet, damit das Heu, das schon auf den Wiesen liegt, nicht nass wird. Da haben wir dann auch mal geguckt, wie das Wetter in Damaskus ist. Sonne, Sonne, Sonne, Sonne ... Keine einzige Wolke. Dass am Himmel Flugzeuge sind, zeigt die Wetter-App ja nicht. Ich hab plötzlich ein Gefühl im

Bauch bekommen, als wäre ich wieder auf dem Boot. Aber nur
ganz kurz. Als wir zurück im Stall waren, war's schon vorbei.

Wenn das Wetter gut ist, geht's nach dem Fegen mit dem Traktor raus. Zum Glück ist zurzeit super Wetter, und deshalb haben
wir gestern den Heuwender am Traktor festgemacht und sind
losgetuckert. Ich habe hinter Bauer Huber gesessen. Da hat
man den totalen Überblick. Solange wir auf der Straße gefahren
sind, ist der Heuwender hochgestellt gewesen, und erst auf der
Wiese haben wir ihn runtergelassen. (Ich hab den schweren
Hebel bewegt!)

Reden kann man fast nicht, wenn man Traktor fährt. Der ist ja so laut. Aber das macht mir nichts. Und ich glaube, Bauer Huber macht es auch nichts. Der redet sowieso nicht viel. Und ich verstehe ihn auch nicht so gut wie die Lehrerinnen in der Schule.

Wir sind also beide ganz zufrieden und gucken uns nur manchmal an. Das Heu riecht so schön, und der Heuwender rattert vor sich hin. Das ist Bauer Hubers Musik, glaube ich. Er hat jedenfalls keine Kopfhörer auf wie der Bauer vom Nachbardorf, den wir manch-mal sehen.

Wenn wir Traktor fahren, bin ich eigentlich kein Knecht. Dann arbeite ich ja nicht. Ich bin eher so etwas wie der Copilot und passe auf. Das war gestern auch wirklich nötig. Wir hätten nämlich beinahe einen Hasen überfahren. Ich hab aber ganz laut gerufen und Bauer Huber am Ärmel gezogen. Da hat er gebremst, und der Hase ist noch rechtzeitig weggehoppelt.

Heute ist Sonntag. Die ganze Woche schon war es fast so heiß wie in Damaskus. Die Kinder aus dem Dorf radeln jeden Nachmittag zum See. Der ist gar nicht weit entfernt, und man braucht mit dem Rad nur zehn Minuten. Ich war auch schon da, und es ist wirklich sehr, sehr schön dort. Ich kann nicht schwim-

men, aber ich gucke, wie die anderen es machen, und übe dort,
wo das Wasser mir nur bis zur Brust geht.

Wenn ich am See bin, kann ich mir überhaupt nicht vorstellen,
dass irgendwo auf der Welt Krieg ist. Die Bäume schauen ganz
still und freundlich auf den See. Das Wasser ist weich. Und
wenn es mal laut wird, dann nur, weil ein paar Kinder sich nass
spritzen oder gegenseitig untertauchen.

Wenn wir doch alle, die ganze Familie, am See sein könnten!

„Du weißt doch, dass ich gar nicht schwimmen kann", sagt
Mama. „Und ich stelle mich auch nicht nackt vor fremde Menschen."

„Die Leute am See sind gar nicht nackt. Die haben alle was an",
erkläre ich ihr. „Nur ein einziges nacktes Baby hab ich mal gesehen."

„Nackt oder fast nackt. Zwei schmale Stoffstreifen – das ist
doch praktisch nackt."

Woher weiß Mama, wie ein Bikini aussieht? Manchmal denke
ich, sie hat von nichts eine Ahnung, und dann weiß sie doch
wieder alles Mögliche.

„Du kannst ja angezogen bleiben, Mama, und nur mit den
Füßen ins Wasser gehen."

„Ich will aber auch nicht, dass Leenah dort halb nackt herum-
springt."

„Es gibt auch Badeanzüge. Da sieht man den Bauch nicht."

„Aber die Arme und Beine. – Gibt es am See denn keinen Frau-
enbadetag?"

Den gibt es natürlich nicht. Aber jetzt träume ich davon, dass
wir alle einmal nachts an den See fahren. Dann ist es dort ganz

dunkel und still. Niemand sieht uns, und ich zeige Mama, wie gut ich schon schwimmen kann. Vielleicht traut sie sich dann auch rein. Und nur die Frösche gucken zu.

Es ist hier jetzt immer, immer hell. Selbst wenn ich ins Bett gehe, ist es noch hell. Eigentlich wollte ich wenigstens ein Mal aufbleiben und sehen, wie spät es ist, wenn es richtig dunkel wird. Aber wenn ich bei Bauer Huber war, bin ich abends so müde, dass ich mich einfach nicht wach halten kann. Als ich neulich vom See kam, bin ich schon mit Omar ins Bett gegangen, so k. o. war ich vom Schwimmenlernen und von der Hitze. Einmal bin ich sogar vor Omar eingeschlafen: bei den Hausaufgaben! Trotzdem: Wegen mir könnte es immer Sommer sein. Und wegen mir könnten wir in Penzing bleiben. Ich will ja sowieso Bauer werden.

Kidist

Kidist kommt aus einer kleinen Stadt in Äthiopien. Als sie drei Jahre alt ist, stirbt ihr Vater. Als sie acht ist, stirbt ihre Mutter. Jetzt soll ein Onkel für sie sorgen. Aber der Onkel hat selbst schon viele Kinder und kein Geld, um ein weiteres Kind zu ernähren. Er gibt Kidist zu einer reichen arabischen Familie. Dort muss sie den ganzen Tag im Haushalt arbeiten, und sie darf nicht mehr zur Schule gehen. Eines Tages reist die Familie nach Deutschland. Sie nimmt Kidist mit – aber die verschwindet aus dem Hotel. Kidist will nicht mehr arbeiten, sondern in Deutschland bleiben und in die Schule gehen.

September

Hautfarbe ist ein anderes Wort für *beige*. Das habe ich heute gelernt. Ich kann nämlich schon fast alle Farben auf Deutsch. *Rot*, *Blau* und *Grün* konnte ich als erstes, denn das sind fast dieselben Wörter wie auf Englisch, und ein bisschen Englisch habe ich schon gelernt. *Gelb* und *Schwarz* sind ganz anders. *Gelb* und *Geld* ist so ähnlich, das verwechsele ich manchmal. Und *Schwarz* hört sich an wie das Land, wo wir eigentlich hinwollten. Dort soll es hohe Berge geben, auf denen sogar im Sommer Schnee liegt. Aber dann sind wir doch nach Hamburg geflogen.

Beige ist ein komisches Wort, das sich auch noch seltsam schreibt. Heute Morgen im Kunstunterricht ist es mir wieder nicht eingefallen, deshalb hab ich zu Mia, die neben mir sitzt, gesagt: „Bitte geben Stift … da!", und hab auf den beigen Stift gezeigt. „Das ist Hautfarbe", hat Mia gesagt.

Hautfarbe? Das ist vielleicht Mias Hautfarbe. Meine nicht. Ich wollte sowieso keinen Menschen malen, sondern ein Pony. Beige ist eine schöne Fellfarbe.

Einen Stift mit meiner Hautfarbe gibt es auch, aber die Farbe heißt nicht Hautfarbe, sondern Braun. Mit den Farben für Menschen ist das sowieso irgendwie falsch. Ich hab noch nie einen Weißen gesehen, der weiß ist, jedenfalls nicht so weiß wie ein Blatt Papier. Trotzdem sagen die Hellen, dass sie Weiße sind. Und ich bin überhaupt nicht schwarz! Aber ich weiß, dass die meisten Leute sagen, wir sind Schwarze. Vielleicht meinen sie ja nur die Haare? Dann ist Mia eine Rote, und Herr Roth, der Schulleiter, ist der einzige richtige Weiße, egal, wie er heißt.

Die Sache mit den Haaren ist auch so etwas. Ich bin mir manchmal nicht sicher, ob die Leute mich mögen. Viele schauen mich ganz genau an, aber wenn ich sie dann auch angucke, gucken sie schnell weg. Nur eins weiß ich genau: Alle mögen meine Haare. Selbst Leute, die mich gar nicht kennen, wollen mal kurz meine Haare anfassen. Leute, die ich noch nie gesehen habe und die mich gar nicht kennen, streichen mir im Bus kurz über den Kopf! Meistens sind es andere Kinder oder ältere Damen. Manche sagen wenigstens: „Darf ich mal kurz deine Haare anfassen?" Aber andere streichen einfach kurz drüber, wenn sie neben mir stehen oder zum Aussteigen an mir vorbeigehen. Das würde ich mich bei anderen nie trauen.

Auch die Polizistin hat über meine Haare gestrichen. Nicht nur kurz, damit ich es am besten gar nicht merken soll. Sie hat ihre Hand richtig lange auf meinem Kopf liegen lassen, und dann hat sie geseufzt.

Bei der Polizei war es überhaupt sehr schön. Ich bin weggelaufen von einer Familie, die nicht meine Familie ist. Extra hier, in einem Land, das nicht mein Land ist. In der Familie musste ich wie eine Sklavin arbeiten. Ich war eingesperrt und hätte es nie geschafft wegzulaufen. Als wir in Deutschland im Hotel ankamen, wollte ich einfach nur weg, egal, wohin. Ich wusste auch gar nicht, wie die Stadt heißt, in der ich war. Ich bin einfach aus dem Hotel rausgerannt und dann durch die Straßen, mal rechts und mal links, falls jemand hinter mir her ist. Es dauerte gar nicht lange, da wusste ich selber nicht mehr, wo das Hotel ist. Den Namen des Hotels kannte ich sowieso nicht. Für einen kurzen

Moment war ich plötzlich richtig froh. So viele Straßen, so viele
Häuser, so viele Autos, so viele Menschen – die finden mich nie!
Aber dann habe ich gemerkt, dass alle Leute weiß sind, also
nicht weiß, mehr so beige, eben wie der Stift. Ich habe überhaupt niemanden gesehen, der so aussah wie ich. Dann bin ich
doch leicht zu finden!, habe ich plötzlich gedacht und wieder
Angst bekommen.
Ganz schnell bin ich noch um ein paar Ecken gelaufen, aber
dann habe ich mich getraut, langsamer zu gehen. Jeden, der mir

entgegenkam, habe ich mir genau angeguckt. In so einer riesigen Stadt können doch nicht alle Menschen gleich aussehen.
„Bitte, bitte, lieber Gott, zeig mir einen einzigen Menschen, der
aus Afrika kommt, so wie ich. Der auch dunkel ist!" Das habe
ich immer leise vor mich hin gesagt.

Und es ist echt wahr: Da stand plötzlich einer aus Afrika. Ein
Mann, ich weiß gar nicht, ob alt oder jung, ich glaube, mehr
jung als alt, mit einer Strickmütze auf dem Kopf. Er stand vor
einem Schaufenster und hat sich da etwas angeguckt. Ich habe
mich neben ihn gestellt und ihn vorsichtig angetippt:
„Africa – you?", hab ich ihn gefragt.
Er hat gelächelt und sich zu mir runtergebeugt.
Ich weiß gar nicht mehr genau, wie es weiterging, aber auf
jeden Fall waren wir dann beide bei der Polizei. Alle haben
ganz viel geredet. Ich habe kein Wort verstanden. Nur meinen
Namen habe ich gesagt und „Ethiopia". Der Afrikaner konnte
kein Amharisch (das ist meine Sprache), aber er konnte
Deutsch. Erst hat er mit den Polizisten gesprochen, dann ist er
gegangen. Nur „Tschüss!" hat er zu mir gesagt, das habe ich
verstanden, denn zu Hause sagen wir „Tschao". Dann war er
weg. Noch nicht mal seinen Namen weiß ich. Aber ich bin sehr,
sehr froh, dass ich gerade ihn getroffen habe, denn er hat mich
zu diesen netten Polizisten gebracht.

Wie ich nach Deutschland gekommen bin, konnte ich den Poli-
zisten nicht erzählen, aber sie haben mir Bilder in einem dicken
Buch gezeigt, und ich habe genickt oder den Kopf geschüttelt.
Ein Schiff? Nein. Ein Flugzeug? Ja.

Ein Mann und eine Frau, die ein Kind an der Hand halten? Nein. Die Familie im Hotel ist ja nicht meine Familie, und ich will da nie wieder hin.

Die Polizistin hat mir eine kleine Wasserflasche gegeben und ein paar Kekse aus ihrer Schreibtischschublade. Das fand ich super, denn ich hatte an dem Tag noch nichts gegessen. Ich bin ja gleich morgens früh aus dem Hotel verschwunden.

Ganz lange musste ich in dem Büro bleiben, aber das fand ich nicht schlimm. Hauptsache, keiner brachte mich zurück ins Hotel. Alle haben telefoniert und geredet und in die Computer geguckt. Ich saß einfach da, und irgendwann hat mich die freundliche Polizistin an die Hand genommen, ein anderer Polizist ist mitgekommen, und dann sind wir ganz lange Auto gefahren. Erst waren überall Häuser neben der Straße, dann nur noch Bäume, dann wieder Häuser, aber viel kleinere als in der Stadt. Und dann standen wir vor einem Haus mit ganz vielen Fenstern, und in den Fenstern waren noch mal Fenster. In einem großen Zimmer gab es gerade etwas zu essen, und an allen Tischen saßen Kinder, die laut geredet und gelacht haben. Eine Frau hat mich an einen Tisch geführt und mit der Hand auf einen Teller und eine Tasse gezeigt. Das Essen schmeckte komisch, es war auch ganz kalt. Nur der Tee war warm. Nach dem Essen ist die Frau aufgestanden und hat etwas gesagt. Alle Kinder haben plötzlich zu mir geguckt. Mein Gesicht ist ganz heiß geworden, aber dann sind alle aus dem Raum gerannt, und die Frau hat mir gezeigt, wo ich mein Bett steht.

November

Mein erster Tag im Heim ist schon so lange her. Ich kann mir gar nicht mehr vorstellen, dass ich am Anfang wirklich kein einziges Wort verstanden habe und keinen einzigen Menschen kannte! In den ersten Tagen bin ich immer ganz früh aufgewacht, weil ich dachte, ich müsste aufstehen und arbeiten. Einmal war ich schon fast angezogen, bis mir eingefallen ist, dass ich ja gar nicht das Frühstück für die Familie machen muss. Hier machen andere das Frühstück für mich! Und dann darf ich in die Schule! Mit etwas zu essen in einer Plastikdose! (Das Ausrufezeichen ist mein liebster Buchstabe! Oder ist es gar kein Buchstabe? Egal, es ist einfach zu schreiben, und ich mag es.)

Die Familie, bei der ich gearbeitet habe, ist bestimmt nicht mehr in Deutschland. Die wollten ja nur ein paar Tage in Hamburg shoppen. Am Anfang hatte ich manchmal noch Angst, wenn die Tür von unserem Zimmer aufging. Jetzt kommen sie!, habe ich gedacht. Aber dann waren es nur Janina oder Leila, die mit mir im Zimmer wohnen. Ich habe eigentlich schon richtig lange keine Angst mehr gehabt. Und ich denke nur noch selten an diese Familie: wie ich bei denen geschuftet habe und wie mich Madame geschlagen und angeschrien hat, wenn ich ungeschickt war. Einmal habe ich beim Einschenken etwas Kaffee verschüttet. Ein paar Tropfen von dem heißen Kaffee haben Madames Hand getroffen. Nach dem Essen, in der Küche, hat sie mich so verprügelt, dass man die blauen Flecken noch lange sehen konnte. Und weil mein linkes Auge so geschwollen war, habe ich immer nach unten geschaut, damit niemand merkt, wie furchtbar mein Gesicht aussieht.

Hier ist jeden Tag so viel los, und eigentlich ist es immer Schönes und ganz viel Neues. Da habe ich für die Angst und für die traurigen Erinnerungen gar keine Zeit mehr.

Von den Sachen, die wir zu Hause nicht haben, finde ich das Badezimmer auf unserem Flur am besten. Da gibt es so viel Wasser, wie man will! Man muss nur den Hahn aufdrehen, und schon läuft es. Das Wasser läuft einfach immer weiter, und es ist immer ganz klar, richtig durchsichtig. So sauber ist es, dass man es sogar trinken darf.

Bei der reichen Familie gab es auch ein Badezimmer, aber ich war immer nur kurz drin, um zu putzen. Und ich habe mich

nicht getraut,
jemanden zu
fragen, wie das alles
funktioniert.
Hier habe ich alles
in Ruhe angeschaut
und ausprobiert:
Man kann den
Hahn verstellen,
und dann wird das
Wasser wärmer
oder kälter. Das-
selbe Wasser aus
demselben Hahn!
Ich habe keine
Ahnung, wo das
Wasser herkommt
und wo das Feuer

ist, um es warm zu machen. Es muss irgendwo in der Wand
sein. Zu Hause bei meiner Familie war ich immer froh, wenn
das Wasser schön kalt war, aber hier ist es sehr praktisch, wenn
man warmes Wasser hat. Sonst friert man ganz schnell. Im
Badezimmer ist ein Kasten, in den man sich reinstellen kann,
und dann läuft das warme Wasser einfach über einen wie ein
starker Regen. (Natürlich zieht man vorher die Kleider aus.) Das
ist eine tolle Erfindung!

Es gibt leider auch neue Sachen, die ziemlich doof sind. Uhren zum Beispiel. Natürlich hatte ich in Äthiopien auch schon mal eine Uhr gesehen, aber doch nicht solche Massen von Uhren! In dem Zimmer, in dem wir essen, hängt eine Uhr, im Klassenraum hängt eine Uhr, am Kirchturm hängt eine Uhr, an der Apotheke, einfach überall. Und dann haben die Leute noch eine Uhr am Arm, sogar Kinder haben manchmal eine Uhr! Und wer keine Uhr hat, der hat ein Handy in der Hosentasche und zieht es dauernd raus, um zu gucken, wie spät es ist. Die Schule beginnt nämlich nicht einfach morgens, sondern um Punkt 8 Uhr. Punkt! Der große Zeiger ist gerade erst oben, da geht es schon los. Und wenn einer später kommt, muss er genau erklären, warum er nicht pünktlich sein konnte, und sich entschuldigen. Auch die Pausen werden ganz pünktlich gemacht, danach geht man pünktlich zum Mittagessen, und der Bus fährt pünktlich von der Haltestelle ab. Wenn man ein bisschen trödelt, ist der Bus weg. Der wartet einfach nicht. Bei uns fährt der Bus los, wenn alle da sind und sowieso niemand mehr in den Bus passt, noch nicht mal die kleinste Ziege. Die Deutschen sind sehr stolz auf ihre Uhren und die ganze Sache mit der Pünktlichkeit. Manche Leute wissen sogar, um wie viel Uhr sie geboren sind! Ich weiß noch nicht mal, an welchem Tag ich geboren bin. Aber ist das schlimm? Ich bin doch da. Das reicht, finde ich.

In Deutschland muss man sich also ziemlich oft beeilen. Das ist noch ein Grund, warum ich keine Zeit mehr für die Angst habe. Nur für Heimweh bleibt immer noch ein bisschen Zeit: abends, vor dem Einschlafen. Dann kann ich ja nichts anderes machen und muss mich nicht mehr beeilen. Ich liege im Bett, Janina macht das Licht aus (der Schalter ist neben ihrem Bett), und dann kriecht so was Schweres, Dickes von meinem Bauch die Brust hoch. Es fühlt sich an wie eine fette, zähe Zahnpasta, die immer höher kommt, bis zum Hals. Manchmal habe ich das Gefühl, dass ich gleich keine Luft mehr kriege. Dann setze ich mich auf und versuche, ganz langsam zu atmen.
„Was ist?", fragt Leila.
„Nichts", sage ich dann und lege mich wieder hin.

Wenn Janina das Licht ausgemacht hat, fängt sie sofort an, ganz regelmäßig zu atmen. Leila kann auch oft nicht einschlafen, das merke ich genau. Ich wüsste gern, woran sie denkt, wenn wir beide im Dunkeln liegen, aber wir können uns ja nicht unterhalten. Leila heißt Nacht. Das weiß ich, weil meine Mutter auch Leila hieß. Vielleicht hatte meine Mutter auch so schöne Augen wie die Leila neben mir? Ich hätte so gern ein Foto von ihr. Dann könnte ich abends besser an sie denken. Manchmal versuche ich mich an sie zu erinnern. Und an Papa und an unser Haus am Berg. Bis dann diese dicke Paste wieder den Hals hochsteigt. Dann denke ich schnell an etwas anderes.

Februar

Ein halbes Jahr bin ich jetzt schon in Deutschland, aber gestern war ich ein paar Stunden lang wieder in Äthiopien. Natürlich nicht richtig. Ich kann ja nicht einfach ins Flugzeug steigen und nach Addis Abeba fliegen. Aber ich habe mich gefühlt, als wäre ich in Äthiopien zu Besuch – mitten in Hamburg, in einem Gottesdienst.

Ich bin nämlich evangelisch. Das glaubt hier zwar kein Mensch, aber es ist wahr. Bei uns zu Hause sind sogar richtig viele Leute evangelisch. Als ich Frau Jordan, unserer Klassenlehrerin, gesagt habe, dass ich evangelisch bin, hat sie mich ganz komisch angeguckt.

„Du weißt nicht, wann du geboren bist, aber du weißt, dass du evangelisch bist?", hat sie gefragt.

„Ja, ganz sicher."

Bei uns zu Hause ist die Religion nämlich super wichtig. Wenn du nicht weißt, zu welcher Kirche du gehörst, ist das so, als wenn du nicht weißt, zu welcher Familie du gehörst. Jedes Kleinkind kennt seine Kirche, wir gehen ja auch jeden Sonntag hin. Nur hier in Deutschland war ich noch nie in einer Kirche – bis gestern.

An den Sonntagen dürfen wir ausschlafen, und auch das Mittagessen ist immer ein bisschen später. Ich wusste, dass mich danach jemand abholt. Aber ich wusste nicht, wer kommt. Solche Ausflüge organisiert die Frau, die die Chefin von unserem Haus ist. Ich stand gerade am Kicker und wollte den Ball einwerfen, da habe ich neben mir eine Frauenstimme gehört:

ጤና ይስጥልኝ

Tena jistilign! – Hallo!
Ich habe mich so schnell
umgedreht, als hätte
mich eine Wespe gesto-
chen. Für eine Sekunde
habe ich gedacht, dass
meine Mutter neben
mir steht. Natürlich
war es nicht meine
Mutter. Und trotzdem
sind mir die Tränen gekommen – vor Freude,
weil da jemand meine Sprache spricht.

Die Frau hat sich gleich vorgestellt – sie heißt Candice – und
gefragt, ob ich mit ihr in den Gottesdienst nach Hamburg
fahren will. Sie hat ein Auto, und zum Abendessen wollte sie
mich wieder zurückbringen.
„Ja, gerne! Ich muss nur eben kurz …", habe ich gerufen, und
dann bin ich ganz schnell in mein Zimmer gerannt. Für einen
Gottesdienst muss man sich nämlich schick machen. Kein
Mensch geht in Äthiopien mit einer Jeans in die Kirche oder
einem normalen Pulli. Die Männer tragen Anzüge und die
Frauen schöne Kleider. Am besten ein weißes Kleid oder ein
weißes Tuch um den Kopf, das sieht elegant aus. So richtig
sonntags-schick ist nichts von den Sachen in meinem Schrank.
Immerhin habe ich einen weißen Schal. Der ist zwar ganz dick

43

und eigentlich nur für draußen, aber meine rote Jacke hat mit dem Schal gleich viel schicker ausgesehen.

Alles war schön an diesem Nachmittag, sogar die langen Autofahrten waren wunderbar. Dass es die ganze Zeit geregnet hat, hat mich nicht gestört. Wir haben geredet und geredet – in meiner Sprache. Ohne Übersetzer und ohne dass ich alles drei-

mal wiederholen musste. Candice hat mich verstanden, und ich habe sie verstanden. Das Dorf, aus dem sie kommt, ist gar nicht weit weg von meiner Stadt.

„Woher weißt du, dass ich hier bin?", habe ich sie gefragt.

„Deine Klassenlehrerin konnte nicht glauben, dass du evangelisch bist. Da hat sie im Internet gesucht und die Telefonnummer unserer Gemeinde gefunden. Unser Pastor hat mich angerufen, und ich dachte: Da machen wir mal einen Ausflug!"

„Weiß Frau Jordan das?"

„Nein, du kannst es ihr morgen in der Schule erzählen. Die Deutschen glauben manchmal, dass nur sie Christen sind. Dabei sind wir in Äthiopien schon viel, viel länger Christen. Die Germanen, also die Vorfahren der Deutschen, haben noch Bäume angebetet und Menschen geopfert, als wir schon Kirchen gebaut haben."

Candice hat eine lustige Art zu lachen und dabei aufs Lenkrad zu klopfen. Vielleicht war das mit den Menschenopfern ja ein Witz?

Und dann waren wir in Äthiopien, so hat es sich jedenfalls angefühlt. Alle haben Amharisch gesprochen. Alle waren schick angezogen. Es wurde ganz viel und ganz laut gesungen. Aber nicht wie im Musikunterricht in der Schule. Alle haben die Hände in die Luft gehoben und getanzt. Erst bin ich neben Candice geblieben, aber dann hab ich mich in die erste Reihe neben die vielen anderen Kinder gestellt. Wir haben auch nicht nur so ein bisschen auf der Stelle getanzt wie die Erwachsenen, sondern richtig wild.

Während der Predigt war es dann leider schrecklich langweilig. Ich hatte ganz vergessen, wie lang so eine Predigt dauert. In der deutschen Schule muss man nie so lange still sitzen. Da gibt es immer irgendwas zu tun, und man darf zwischendrin Fragen stellen. In der Kirche hätte ich auch gern mal eine Frage gestellt. Am liebsten: Wie lange dauert es noch? Aber ich habe mich natürlich nicht getraut.

Vielleicht bin ich in Deutschland ja schon ein bisschen ungeduldig geworden?

Am Ende war es dann wieder sehr schön. Der Chor hat gesungen, und eine Bankreihe nach der anderen ist nach vorne gegangen, um Geld in eine große Schale zu legen. Die meisten Leute sind eigentlich nicht nach vorne gegangen, sondern nach vorne getanzt, wie in der Kirche zu Hause. Ich hatte kein Geld dabei, aber das Mädchen neben mir hat zum Glück in ihrer Rocktasche zwei Münzen gefunden und mir eine abgegeben. Das war das Schönste am Gottesdienst: als wir zusammen nach vorne gegangen sind. Alle Chorsänger haben uns ganz freundlich angeguckt – als wären wir Schwestern und sie würden uns schon lange kennen.

Fast drei Stunden hat der Gottesdienst gedauert. Ich weiß es, denn Candice wohnt schon lange in Deutschland und hat auf die Uhr geguckt, als das letzte Lied vorbei war. Ich habe es genau gesehen. Sie ist auch gleich zu mir gekommen und hat mir gesagt, wie spät es ist und dass wir nur kurz zum Essen bleiben können. Nach so einem Gottesdienst sind ja alle hungrig, und deshalb bringt jede Familie etwas zu essen mit. Es gab aber

sowieso nur Fladen-
brot und Wasser.
Wahrscheinlich sind
die meisten hier
schon so lange in
Deutschland, dass
sie es immer ein
bisschen eilig haben.
Das Brot war sehr
lecker, fast wie zu
Hause.

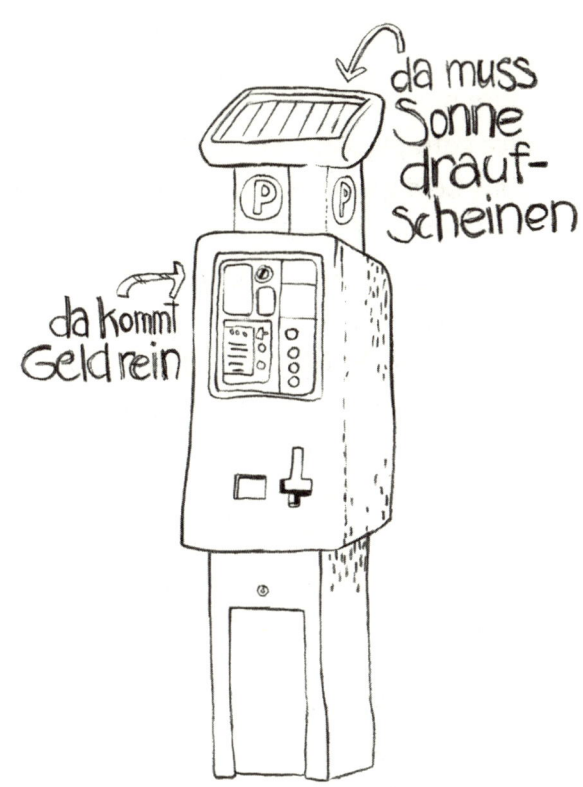

da muss
Sonne
drauf-
scheinen

da kommt
Geld rein

Vor dem Zurück-
fahren habe ich
noch etwas Lusti-
ges gesehen: Sogar
die Straßen haben
Uhren! Neben unserem Auto stand ein Parkscheinautomat, und
Candice hat mir erklärt, dass man Geld hineintun muss, wenn
man hier parken will. (Nur am Sonntag nicht. Da hat auch der
Automat frei.) Der Kasten ist groß und die Uhr ist so klein, dass
man sie fast nicht sieht. Aber wenn man eine Taste drückt,
kommt unten ein Zettel raus, auf dem ganz genau steht, wann
man das Geld eingeworfen hat und wie lange man parken darf.
Wenn man sein Auto an der Straße stehen lässt und keinen
Zettel kauft, kommt die Polizei, und dann muss man noch mehr
Geld zahlen, weil man vorher kein Geld gezahlt hat. Echt verrückt! Wer denkt sich wohl so was aus?

„Wer holt denn das Geld aus der Parkuhr raus?", habe ich Candice gefragt. „Und wem gehört es dann?"
„Das Geld gehört der Stadt, und es dürfen auch nur Leute von der Stadt die Parkuhr aufmachen und das Geld herausholen."
Die Straßen brauchen Uhren, und der Stadt gehört das Geld! Ich finde das sehr lustig. Wahrscheinlich haben auch die Hunde eine Uhr am Halsband, und jedes Mal, wenn sie an einen Baum pinkeln, müssen sie Geld bezahlen. Ich muss mal genau hingucken, vielleicht stimmt das ja wirklich.
Ich stelle mir vor, dass „die Stadt" wie eine dicke Königin aussieht. Sie sitzt mitten zwischen den Häusern auf einem großen Thron, und alle Menschen, alle Autos und alle Hunde bringen ihr Geld.

Auf der Rückfahrt habe ich gesehen, dass auch das Auto eine Uhr hat. Und Candice hat mir erklärt, warum die Hunde ein Band um den Hals tragen: Sie zahlen wirklich Geld an die Stadt! An dem Band ist eine Marke aus Metall, und da steht drauf, in welcher Stadt sie wohnen. Weil Hunde natürlich nicht selber zahlen  können, müssen das die Menschen für sie tun. Jeder Hund gehört nämlich zu einem Menschen. Keiner ist einfach so auf der Straße und gehört niemandem. Und wenn doch mal einer ohne einen Menschen herumläuft, dann kommt auch wieder die Polizei und bringt ihn in ein Heim, sagt Candice.

Die Polizei hat in Deutschland also viel zu tun. Sie muss sich um Autos kümmern, um Hunde, um Kinder – ich war ja auch bei der Polizei. Keiner läuft oder fährt einfach so rum, jeder gehört irgendwohin.

In Deutschland ist bei den Hunden eigentlich alles wie bei den Menschen, sagt Candice. Sie wohnen in Häusern (in den richtigen Menschenhäusern, nicht in Hundehütten!), sie gehen auf der Straße und im Park spazieren, und sie müssen Geld an die Stadt bezahlen. Noch nicht mal ihr Futter müssen sie sich selber suchen – die Menschen kaufen es für sie im Supermarkt! Das finde ich noch viel verrückter als die Sache mit den Parkuhren.

Juni

Fast ein Jahr bin ich jetzt schon in Deutschland. In dem kleinen Dorf, in dem unser Heim ist, kennen mich die meisten Leute. Ich bin immer noch das einzige afrikanische Kind hier, und viele Leute winken mir schon von ferne zu, wenn sie mich sehen. Endlich können sie sich auch merken, dass ich Kidist heiße, und niemand sagt mehr Kiebitz oder Kitty, so wie am Anfang. In der Schule verstehe ich beinahe alles, und ich melde mich auch, wenn ich etwas weiß. In meiner Klasse sind alle jünger als ich. In Äthiopien war ich ja nur kurz in der Schule, und hier musste ich erst mal Deutsch lernen. Deshalb bin ich älter als die anderen. Außer Arthur ist auch niemand so groß wie ich. Das finde ich gut. Wir beide können auch am schnellsten rennen, wenn wir in der Pause Fangen spielen.

Weil das Schuljahr fast zu Ende ist und wir nach dem Sommer
nicht mehr alle zusammen in einer Klasse sind, haben wir letzte
Woche einen Ausflug nach Bremerhaven gemacht. In Bremerhaven ist nämlich ein Museum, ein riesiges Haus, in dem man
sich anschauen kann, wie es früher war auf der Welt. Die ganze
Woche vor unserem Ausflug haben wir schon Sachen über das
Museum gelernt: dass das Museum direkt am Meer steht, zum
Beispiel, dort, wo früher die großen Schiffe losfuhren. Es gab
nämlich früher noch keine Flugzeuge, mit denen man überall
hinfliegen konnte. Deshalb sind die Leute mit dem Schiff gefahren, auch wenn sie ganz weit weg wollten, nach Amerika oder
Indien. Die Reise hat oft viele Wochen gedauert, und sie kostete
viel Geld. Deshalb sind die meisten auch gar nicht gereist, sondern ihr ganzes Leben zu Hause geblieben.

„Aber manche wollten unbedingt weg, am liebsten nach Amerika", hat uns Frau Jordan erzählt. „Sie hielten es zu Hause einfach nicht mehr aus und haben so lange gearbeitet und gespart, bis sie das Geld für die Reise zusammen hatten."
„Warum wollten die denn weg?", hat Leo gefragt.
„Die meisten wollten weg, weil sie arm waren. Sie wollten in Amerika Geld verdienen, ein Haus bauen..."
„Arm?" Aus Versehen habe ich laut reingerufen. „Waren die denn nicht aus Deutschland?"
„Doch. Das waren Deutsche."
„Arme Deutsche?"
Arme Deutsche hört sich lustig an. So wie altes Baby oder schnelle Schildkröte. Arme Menschen haben nichts anzuziehen, höchstens ein Tuch, das sie sich umwickeln. Sie haben immer Hunger, und sie schlafen auf der Straße. In Äthiopien habe ich viele arme Leute gesehen. Aber in Deutschland? Nie!
„Damals gab es auch in Deutschland viele arme Leute", hat Frau Jordan gesagt. „Die meisten Familien hatten viele Kinder. Und was sie besaßen, reichte nicht für alle."
Leo wollte dann noch alles Mögliche über die Schiffe wissen. Wie lang die waren und ob da nur ein Kapitän an Bord war oder ganz viele.
Ich war auch sehr gespannt auf das Museum mit den armen Deutschen. Ob die damals auch nur ein Tuch anhatten? Vielleicht waren die Deutschen ja früher auch ganz dünn, weil sie so wenig zu essen hatten?

Und dann war alles ganz, ganz anders. Wir waren gerade erst reingegangen in das Museum, da standen wir vor einem riesigen Schiff. Erst mal habe ich aber gar nicht kapiert, dass wir vor einem Schiff standen. Es war nämlich ziemlich dunkel in dem großen Raum. Überall standen Menschen, und ich musste erst mal gucken, wo das Wasser war, das man plätschern hörte. Ganz schwarz war es, und es sah aus, als stünde eine riesige dunkle Wand im Wasser. Die Wand war aber in Wirklichkeit ein Teil vom Schiff, und es gab eine Treppe, auf der man in das Schiff gehen konnte. Die vielen Menschen, die am Kai standen, waren gar nicht lebendig, jedenfalls nicht alle. Manche waren Besucher so wie wir, und manche waren riesige Puppen. Aber diese Puppen konnten reden! Wenn man in ihre Nähe kam, hörte man, wie sie sich miteinander unterhielten, in verschiedenen Sprachen. Ich habe natürlich gleich geguckt, wie sie angezogen waren: sehr warm, mit Mänteln, Hüten und Mützen. In dem Raum war es ziemlich kalt und ein bisschen feucht. Ich glaube, in Deutschland war es auch früher schon so kalt, dass sogar die Armen warm angezogen sein mussten. Besonders dünn waren sie auch nicht – zum Glück, sonst hätten sie noch mehr gefroren.

Mit Frau Jordan und einer Frau vom Museum sind wir langsam um die großen Puppen herumgegangen, und die Frau vom Museum hat uns erklärt, aus welchen Ländern die Leute damals nach Bremerhaven kamen. Es waren nämlich gar nicht alles Deutsche. Die Auswanderer kamen aus vielen verschiedenen Ländern. Die meisten hatten noch nie das Meer gesehen. Und

dann sollten sie gleich ein paar Wochen auf dem Wasser bleiben. „Eigentlich hatten sie sich auf die Reise gefreut, aber als sie vor dem riesigen Schiff standen, hatten sie doch ganz schön Angst", meinte die Museumsfrau. Ich hatte am Flughafen ja auch Angst, aber da war es wenigstens hell. Der dunkle Raum mit dem gluckernden Wasser und den vielen Stimmen war noch ein bisschen unheimlicher als der Flughafen.

Wir haben dann Auswanderer gespielt. Ich habe eine Bordkarte bekommen und so getan, als würde ich heute nach Amerika reisen. Ich bin gleich losgerannt, um zu gucken, in welchem Bett ich schlafe. Im Schiffsbauch war ein großer Raum voller

Betten, die übereinandergestapelt waren. Aber Kinderbetten habe ich keine gesehen.

„250 Leute mussten zusammen in einem Raum schlafen", hat die Frau vom Museum erzählt. „Für Kinder gab es keine Betten, die mussten bei den Eltern im Stockbett schlafen."

„Auch wenn sie schon groß waren?"

„Und wenn die Familie drei Kinder hatte?"

„Wo wurden denn die Babys gewickelt?"

Ganz lange sind wir im Schiff geblieben, weil wir so viele Fragen hatten. Durch ein rundes Fenster konnte man draußen das Meer sehen mit den hohen Wellen. Mir wurde ein bisschen schwindelig beim Rausgucken. Als die Frau dann auch noch erzählte, dass viele Leute auf der Reise krank wurden und immer irgendjemand gebrochen oder gehustet hat, bin ich lieber schon mal in den nächsten Raum gegangen. Da konnte man sehen, wie die Auswanderer unterwegs versucht haben, Englisch zu lernen. Das konnten sie nämlich noch nicht, und in Amerika mussten sie es können, um eine Arbeit zu finden. Sie hatten es aber besser als ich, finde ich. Sie mussten keine neuen Buchstaben lernen.

Am Ende haben wir uns an Tische gesetzt, unser Picknick ausgepackt und überlegt, ob es auch heute noch Auswanderer gibt.

„Ja, die Kidist ist ausgewandert!", hat Mia gleich gerufen.

„Aber die ist doch nicht mit dem Schiff gekommen!"

„Es gibt aber welche, die kommen mit dem Schiff aus Afrika."

„Die ertrinken dann aber manchmal."

„Ich würde nie von zu Hause weggehen."

„Ich will gern mal nach Australien."
„Meine Oma wohnt auf Teneriffa."
„Mein Papa war schon mal in China."
„Aber doch nur für zwei Wochen."
Alle haben durcheinandergeredet. Ich

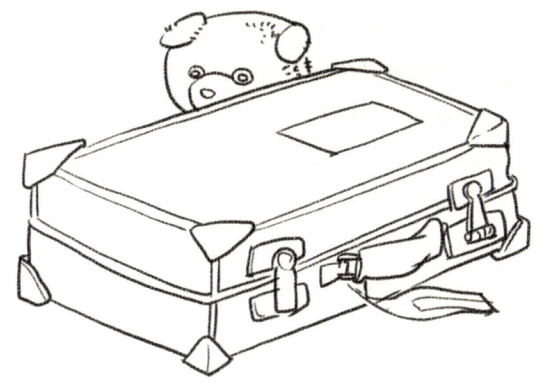

glaube, sie fanden die Sache mit dem Auswandern ziemlich lustig. Und auf jeden Fall spannend. Ich musste immer an die Puppen am Eingang denken und wie die da in ihrer dunklen Kleidung standen. Vielleicht hatten ja manche keine Familie mehr und wollten deshalb weg? Und ob wohl jemand die Kinder gefragt hat, ob sie überhaupt auswandern wollten? Mich hat niemand gefragt, ob ich nach Deutschland will. Aber jetzt bin ich hier. Das ist schön, weil ich nicht arbeiten muss und zur Schule gehen kann. Ich habe jetzt jeden Tag genug zu essen, und Kleidung habe ich auch, sogar verschiedene Kleidung für verschiedenes Wetter. Niemand schlägt mich. Trotzdem ist es auch ein bisschen traurig, dass ich hier bin und nicht zu Hause. Ich weiß nicht, ob die anderen das verstehen.

Auf der Rückfahrt hat sich Frau Jordan im Bus neben mich gesetzt. Sie hat nicht viel gesagt, aber es war schön, dass sie da saß. Ich glaube, ich bin irgendwann eingeschlafen, jedenfalls lag mein Kopf auf ihrem Schoß, als wir ankamen.

P. S.: Ich habe eigentlich schon alles erzählt, was ich erzählen wollte. Mein erstes Jahr in Deutschland ist zu Ende, aber heute habe ich noch eine neue Sache gelernt, von der ich keine Ahnung hatte, die aber echt klasse ist.

Überall in der Stadt gibt es ja so gelbe Kästen. Manche sind groß und stehen an der Straße, und manche sind kleiner und hängen an einer Stange oder an einem Haus. Ich habe mir bisher nie Gedanken gemacht, wofür die Kästen da sind. Aber heute hat Candice mich wieder mit zum Gottesdienst genommen. Sie hatte einen Umschlag aus Papier dabei mit einem schönen, ganz kleinen Bild drauf. Als wir vor der Kirche geparkt hatten, hat sie den Umschlag in den gelben Kasten geworfen, der dort steht.

„Warum machst du das?", habe ich sie gefragt. „Jetzt ist das schöne Bild weg."

Und da hat mir Candice erklärt, dass das Bild eigentlich kein Bild, sondern Geld ist. Sie hat dafür bezahlt, damit jemand den Umschlag wieder aus dem gelben Kasten rausholt und jemandem bringt, für den Candice etwas aufgeschrieben hat. Und das Verrückte an der Sache: Es ist ganz egal, ob der, der das lesen soll, in der Nähe wohnt oder viele hundert Kilometer weit weg. Er bekommt den Umschlag

auf jeden Fall, und das kleine Bild, das man dafür braucht, kostet immer gleich viel. Ich finde das genial!
Auf dem Rückweg ist mir dann aufgefallen, dass es auch graue Kästen gibt. Aber noch nicht mal Candice wusste, wofür die gut sind. Morgen werde ich Frau Jordan fragen. Wer weiß, was das wieder für eine Erfindung ist.

Yuna

Yuna ist 10 Jahre alt, als sie mit ihren Eltern von Japan nach Deutschland kommt. In ihrer Heimat Fukushima hat es ein schweres Erdbeben und eine riesige Flutwelle gegeben, einen Tsunami. Dabei ist auch ein Atomkraftwerk beschädigt worden. Die giftigen Strahlen haben jeden Winkel erreicht. Yunas Vater ist Koch und hat ein eigenes Restaurant. Aber das Gemüse und der Reis, die in Fukushima gewachsen sind, darf er plötzlich nicht mehr anbieten. Und auch der Fisch und die Algen von der nahen Küste sind vergiftet. Viele Menschen sind fortgegangen, die meisten in den Süden von Japan, einige ins Ausland. Yunas Familie ist nach Deutschland gezogen. Bevor Yuna abends ins Bett geht, schreibt sie manchmal auf, was sie erlebt hat.

Dezember

So also sieht Deutschland aus. Ein großes Bett für Papa und Mama und ein schmales Bett für mich. Daneben die Tür zum Bad. Das Bad sieht sehr seltsam aus. Es gibt keine Badewanne, nur so ein kleines Becken auf der Erde mit einer Brause drüber. Wissen die Deutschen nicht, was eine Badewanne ist und wie wunderschön es sich anfühlt, wenn man ins warme Wasser eintaucht? Wir haben schon eine ganze Woche lang nicht mehr gebadet! An keinem einzigen Abend!

Unser Zimmer gehört zu einem Hotel, und das ist ganz nah beim Flughafen von Düsseldorf.

Wenn ich zum Fenster rausgucke, kann ich die Flugzeuge sehen, wie sie starten und landen. Ich überlege immer, ob eins davon wohl nach Japan fliegt. Oder gerade von Japan kommt, mit lauter Leuten, die Japanisch sprechen.

In Düsseldorf soll es total viele Japaner geben. Deshalb sind wir hierhergekommen. Ich hab aber noch keine gesehen. Sie sind auch nicht wie wir wegen dem Unglück von Fukushima hier, sagt Mama, sondern weil ihre Firma sie nach Europa geschickt hat. In Europa gibt es zwar noch viel mehr große Städte als nur Düsseldorf. Aber weil hier schon so viele Japaner sind, kommen immer noch mehr her. Irgendwie lustig. Wie bei den Kranichen.

Ich habe es mir auf dem Boden gemütlich gemacht, um ein paar Sachen aufzuschreiben. Einen richtigen Tisch gibt es in unserem Zimmer nicht. Mama mag es nicht, wenn ich auf dem

wer 1000 Kraniche faltet, dem wird ein Wunsch erfüllt

Teppich sitze oder liege. „Da sind schon tausend Leute mit ihren ungebadeten Füßen drüber gelaufen!", sagt sie. Kann ja sein. Ich sitze aber gern hier unten, wie zu Hause. Hier sitzen alle Leute an hohen Tischen, immer, auch beim Essen.

Gestern haben wir allerdings im Stehen gegessen. Mitten in der Stadt sind ganz viele kleine Häuschen, viel, viel kleiner als die richtigen Häuser. Die meisten sind aus Holz. In den Hütten stehen Leute und verkaufen alles Mögliche: Spielzeug, Schmuck und Sachen, die man essen kann. Wir haben jeder eine platte Scheibe gegessen, danach hatten wir alle ein ganz fettiges Gesicht. Dabei haben wir echt aufgepasst, um uns nicht noch mehr einzuölen. Die Scheibe war aber sehr lecker. Ich glaube, sie war aus Kartoffeln. Stäbchen gab es nicht. Wir haben die Scheibe einfach mit den Fingern angefasst. Ich dachte eigentlich, das macht man nur in Afrika. Aber die Deutschen essen anscheinend auch ohne Stäbchen, einfach mit den Händen.

An fast jedem Häuschen hingen Lautsprecher. Überall gab es Musik, aber nicht dieselbe, denn jedes Häuschen hatte seine eigene Musik, und an manchen Stellen ging die ganze Musik durcheinander. Erst fand ich's lustig, aber dann hat es genervt.

Nach dem Essen sind wir zur Post gegangen und haben Briefmarken gekauft. Mama will Opa schreiben und ihm ein gutes neues Jahr wünschen. Opa liest keine Mails, deshalb muss sie einen richtigen Papierbrief schreiben, mit Kuli und so. Wir haben lange überlegt, welche Briefmarke die schönste ist. Oder welche besonders deutsch aussieht, damit Opa sich wundert. Wir haben dann eine genommen, auf der ein Elch ist. Das ist so eine Art Wald-Kuh, sagt Papa, aber riesig. Keine Ahnung, ob es die in Deutschland gibt, wir waren ja noch nicht im Wald. Aber wahrscheinlich gibt es sie echt, sonst wäre sie nicht auf der Briefmarke. Ich werde gut aufpassen, wenn ich hier mal in den Wald komme!

Ich wüsste gern, ob meine Freundin Wakana und die anderen schon wieder in unserem alten Klassenraum sind. Und ob alles wieder so aussieht wie vor dem Tsunami. Bestimmt haben sie neue Tische und Stühle, eine neue Tafel und das alles. Unsere Bilder an den Wänden sind futsch, unsere Tonfiguren auch. Neben Wakana sitzt jetzt ein anderes Mädchen, mein Platz kann ja nicht immer frei bleiben. Ich denke lieber nur ganz kurz daran, und dann denke ich schnell woanders hin.
Es ist erst ein paar Wochen her, dass wir von zu Hause weg sind. Es kommt mir aber ganz lang vor. Komisch, oder?

Hallo! – Hier sagen alle „Hallo!", den ganzen Tag. Man muss einfach nur „Hallo!" antworten, braucht nicht stehen zu bleiben und kann es sogar sagen, während man einfach weitergeht. Das ist zwar super unhöflich, aber irgendwie ist es auch praktisch. Da sparen die Deutschen eine Menge Zeit.

Ich habe ein ganz schwieriges deutsches Wort gelernt. Eigentlich ist es mein erstes, wenn ich Hallo mal nicht mitzähle.
WEIHNACHTSMARKT
So heißt das, wo wir die fettigen Scheiben gegessen haben. Ich sage das Wort ganz oft vor mich hin, aber es ist sehr schwer, es richtig auszusprechen. Mama hat versucht, es in unserer Schrift zu schreiben, aber sie ist sich nicht sicher, ob die Zeichen richtig sind. Sie hatte das Wort bei uns noch nie gesehen.
クリスマス市場
Nacht ist 夜
Und das Zeichen für Markt mag ich besonders: 市場町

Was WEIH bedeutet, haben wir noch nicht herausgefunden.
Den Weihnachtsmarkt gibt es nur am Ende des Jahres, in zwei
Wochen werden die Häuschen abgebaut. Papa hatte vorgestern
die Idee, er könnte in so einem Häuschen als Koch arbeiten. (Ich
glaube aber nicht, dass er weiß, wie man so unglaublich fettige
Scheiben macht.) Er ist also hingegangen und hat gefragt. Und
da haben sie ihm gesagt, dass es sich nicht mehr lohnt, weil
es den Markt nur ein paar Wochen gibt, und dann arbeiten die
Leute wieder woanders.

Morgen ist Montag, und dann gehe ich zum ersten Mal zur
Schule! Ich glaube, heute Nacht kann ich nicht schlafen. Ich
denke dauernd daran, dass ich Morgen früh in einer deutschen
Schulklasse sitze und dass ich auf alles nur mit zwei Wörtern

antworten kann: HALLO und WEIHNACHTSMARKT! Okay, ich kann noch sagen, dass ich Yuna heiße, wenn mich einer fragt. Falls ich die Frage überhaupt verstehe.

Wo kommst du her? – Weihnachtsmarkt.

Möchtest du dich an diesen Tisch setzen? – Hallo.

Kannst du schon ein bisschen Deutsch? – Weihnachtsmarkt.

Mama geht zum Glück mit. Sie kann noch DANKE SCHÖN sagen. Ich verstehe das auch, es heißt ダンケ・シェーン, aber ich kann den zweiten Teil, SCHÖN nicht aussprechen. Man muss dabei flüstern oder ganz leise pfeifen, den Mund rund und spitz machen. Ich hab's vor dem Spiegel versucht, aber ich sehe aus wie ein Fisch, der das Glas küssen will. Keine Ahnung, warum Mama das kann.

Drei Tage Schule! Mannomann, das war anstrengend. Wenn man den ganzen Tag eine fremde Sprache hört, hat man am Abend ein Gefühl im Kopf, als würden Bienen in den Ohren wohnen. Es brummt und summt, und am Ende kann man gar nichts mehr hören oder verstehen. Japanisch oder Deutsch – alles ein Gebrumme. Mama geht's genauso wie mir, und heute Abend hat sie Kopfschmerzen. Papa schaltet einfach auf Durchzug, glaube ich. Jedenfalls manchmal, bevor ihm das Gesumme im Kopf zu viel wird. Dann schaut er die Leute ganz freundlich an und nickt höflich mit dem Kopf, aber er versucht gar nicht mehr zu verstehen, was sie sagen.

Zum Glück wohnen wir nicht mehr im Hotel, sondern in einer kleinen Wohnung. Die Vermieter sind Japaner, und weil in ihrem Haus gerade eine Wohnung frei wurde, mussten wir uns ganz schnell entscheiden. Jetzt hat Papa jemanden, mit dem er reden kann, während Mama und ich in der Schule sind.

Ja, Mama geht mit mir in die Schule. Das darf sie, hat die Rektorin gesagt. Mama hat sich einfach neben mich gesetzt, so als wäre sie selbst noch ein Kind. Manche haben komisch geguckt, aber Mama hat einfach ganz freundlich gelächelt. Sie hat immer nur still dagesessen und Wörter von der Tafel in ihren kleinen Übersetzungscomputer getippt. Das japanische Wort hat sie mir dann auf dem Display gezeigt. Oder mir leise ins Ohr gesagt.

Ich schreibe nicht so schnell wie Mama, schon mal gar nicht in dieser Schrift, die die hier haben. Das ist eigentlich dieselbe wie für Englisch, aber da haben wir zu Hause ja noch kaum was geschrieben. Und die Deutschen haben unwahrscheinlich lange Wörter, viel längere als die Engländer! In der Schrift hier kann ich noch nicht mal alle Zeichen. Mit Mama war es also ganz schön praktisch. Zu Hause sind wir am Nachmittag dann alle Wörter durchgegangen, die Mama gespeichert hatte. Ich hab sie aufgeschrieben und versucht, sie mir zu merken.

Die Schule hier ist wirklich ganz anders als bei uns zu Hause. Die deutschen Kinder sind lauter als wir. Sie reden viel mehr im Unterricht und sitzen nicht still. Aber sie sind auch ziemlich lustig, finde ich. Ich verstehe ja nicht, was sie sagen, aber sie lachen viel. Total laut!

Hier gibt es keine Schuluniform. Jeder trägt einfach irgendwas! Deshalb sehen alle aus, als wären sie zu Hause und nicht in der Schule. Ich habe noch kein einziges Mädchen gesehen, das einen Rock trägt.

Wenn einer Schnupfen hat, nimmt er vor allen Leuten das Taschentuch aus der Hosentasche und schnieft rein, manchmal richtig laut. Dann knüllt er es zusammen und stopft es wieder in die Tasche, kein bisschen heimlich, sondern während alle zugucken. Manche putzen sich die Nase und reden dabei weiter! Ich hoffe, so was Unhöfliches mache ich NIE im Leben!

Die Klos in der Schule sehen alle gleich aus, egal, ob sie für Jungs oder für Mädchen sind. Man muss auf so ein kleines Zeichen gucken, damit man nicht aufs falsche Klo geht.

Schuluniform

Bis jetzt waren alle nett zu mir. Sie wissen nicht, was sie zu mir sagen sollen. Ich weiß ja auch nicht, was ich zu ihnen sagen soll. Deshalb sagen wir immer nur: „Hallo!"

An der Schule gibt es eine Japanerin! Ich hab sie gleich am ersten Tag gesehen. Leider ist sie ziemlich alt, weil sie schon Lehrerin ist. Morgen werde ich sie von nahe sehen. Sie ist näm- lich Musiklehrerin, und morgen habe ich Musik. Vielleicht sage ich dann was auf Japanisch zu ihr. Ich hoffe, sie kann noch Japa- nisch. (Verlernt man das eigentlich, wenn man lange in einem anderen Land wohnt? Das fände ich sehr doof.)

Hier geht es dauernd um Weihnachten. Mama hat heraus- gefunden, was WEIH bedeutet: so was wie FEST oder GANZ, GANZ FEIERLICH. Das richtige Weihnachtsfest ist erst in zwei Wochen, aber jetzt schon ist alles voll WEIH. Keine Ahnung, was noch passiert, wenn es richtig losgeht.

Gestern haben wir Ferien bekommen, und heute ist mir schon total langweilig. Die Ferien sind natürlich Weihnachtsferien, und gestern beim Nachhausegehen haben alle hundertmal gesagt: „Frohe Weihnachten!" – „Tschüs und frohe Weihnach- ten!" – „Dir auch frohe Weihnachten!"

Nach den Ferien wird Mama nicht mehr mit mir in die Schule gehen. Deshalb muss ich in den zwei Wochen, die wir jetzt frei haben, unbedingt alle deutschen Buchstaben lernen. Es gibt nicht nur die normalen, sondern auch extra-deutsche: Ö, Ä, Ü, ß. Die sehen lustig aus, finde ich. Wie Verwandte vom ☺ . Nur

das Letzte sieht aus
wie ein Gummibär-
chen (wenn man es
von der Seite anguckt).

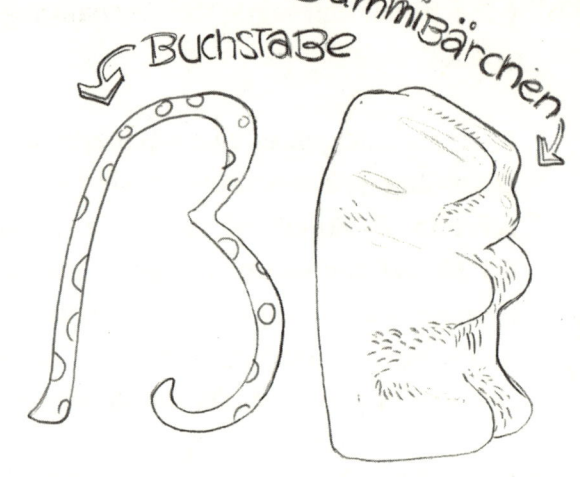

Heute hatten wir
zum ersten Mal Post
in unserem Brief-
kasten. Ein Brief von
Wakana!!!!
Dankedankedanke-
dankedankedanke-
dankedanke, Wakana!!!!!!!!

Ich glaube, ich habe den Brief jetzt schon zehnmal gelesen.
Es ist seltsam. Ich freue mich riesig, dass sie mir einen richtigen
Brief geschrieben hat. Aber trotzdem macht mich der Brief traurig. Weil Wakana und ich nicht mehr in einer Klasse sind. Weil
überhaupt so viele Kinder nicht mehr in unserer Klasse sind, ich
meine, in der Klasse, in der ich früher war. Weil das Haus von
Wakanas Familie noch halb kaputt ist und weil die Leute immer
noch nicht genau wissen, was sie essen dürfen und was lieber
nicht, weil man davon krank werden kann. Ich komme mir auf
einmal vor, als hätte ich was Böses getan. Wir sind erst ein paar
Monate weg von Japan, und ich denke beim Essen schon überhaupt nicht mehr daran, dass irgendetwas vielleicht giftig ist.

Ich habe Wakanas Brief an ein rotes Band gehängt, Das Band
reicht vom Fenster bis zum Regal. Es ist ein breites Band, ein
Weihnachtsband, das die Leute hier um die Geschenke wickeln.

Der Brief ist mein erstes Weihnachtsgeschenk. Hier schenken sich ja alle Leute was zu Weihnachten. Am letzten Tag vor den Ferien hat mir sogar Lili, die in der Schule neben mir sitzt, etwas geschenkt: eine Tüte mit süßem Gebäck. Ohne Klebreis und Bohnen, aber trotzdem richtig lecker. (Papa und ich haben uns schon mal ein ganz kleines Stück geteilt. Ich glaube, die Geschenke fertig aufessen darf man erst an Weihnachten.) Ich werde für Wakana einen Stern basteln und ihn in einen Umschlag tun, den man nicht knicken kann. So einen Stern, wie die Leute ihn hier an die Fenster kleben. Dann hat sie auch ein kleines Geschenk von mir.

Ich habe endlich gebadet, in dieser Wohnung haben wir näm-lich eine Badewanne. Papa hat das Wasser so richtig schön heiß gemacht, wie zu Hause.
Und noch etwas Gutes: Ich habe mich getraut, nach der letzten Stunde vor den Ferien zur Musiklehrerin zu gehen. Und: Ja, sie kann noch Japa-nisch! – Uff! Das verlernt man also nicht so schnell.

der Kaiser trägt keine Krone

23.12. – Der Kaiser hat heute Geburtstag! Es ist komisch, sich vorzustellen, dass zu Hause Feiertag ist, und hier weiß das kein Mensch.

In Düsseldorf ist heute großer Einkaufstag. An Weihnachten machen die Geschäfte nämlich zu. Das hat Papa rausgekriegt, als er mit unserem Vermieter geredet hat. Als wir heute Morgen beim Frühstück gemerkt haben, dass die Zuckerdose leer ist, wollte ich schnell zum Supermarkt an der Ecke laufen und ein Paket Zucker holen. Der Laden war rappelvoll, morgens um halb acht! Und die Leute hatten ihre Einkaufwagen vollgepackt, voller geht's nicht. Ich hab kurz einen Schreck gekriegt und daran gedacht, wie Mama und ich nach dem Erdbeben wie die Wilden eingekauft haben, egal was, immer rein in den Wagen.

Hier braucht man keine Angst vor Erdbeben zu haben, sagt Papa. Aber die Leute kaufen ein, als würde der Supermarkt morgen zusammenkrachen. (In der Schule haben wir in den Wochen, seit ich hier bin, noch kein einziges Mal für ein Erdbeben geübt. Bestimmt wissen noch nicht mal die Lehrer, was man dann machen muss.) Ich hab mich zwischen den Wagen und den Beinen der Leute zum Zucker durchgekämpft, und dann stand ich mit meinem Paket in der Riesenschlange zwischen den Riesenbergen. Zum Glück hat mich einer vorgelassen und zu den Leuten weiter vorne irgendwas gesagt, und dann haben die mich auch alle vorgelassen. Ich glaube aber nicht, dass er so freundlich war, weil der Kaiser Geburtstag hat.

Jetzt, wo Mama nicht mehr in die Schule muss (hört sich lustig an ☺), hat sie angefangen, unsere Wohnung schön zu machen. Wir haben ja nur wenige Sachen, und die passen auch nicht so richtig zusammen. Was wir von zu Hause mitgebracht haben, sieht irgendwie seltsam aus zwischen den Möbeln, die hier schon in der Wohnung waren.

Ich schlafe mit Mama und Papa in einem Zimmer, wie zu Hause. Die Matratzen liegen hier aber in einem Gestell aus Holz, und das Gestell steht auf vier Füßen. Man kann die Matratzen auch nicht am Tag aufeinanderlegen, dann bleiben ja noch die Holzgestelle übrig und man hat trotzdem keinen Platz. Das Zimmer ist also immer voll, und man kann gar nichts anderes darin machen als schlafen. Von meinen Spielsachen habe ich nur zwei Teddys und einen Hasen mitgenommen, den roten Hasen, der mit in mein Bett darf. Der hat jetzt am Tag ein ganzes Zimmer für sich allein.

Mama möchte, dass wir bis Neujahr alles schön haben. Auch einen kleinen Hausschrein brauchen wir endlich, mit den Bildern unserer Verstorbenen und ein paar Andenken. Räucherstäbchen kann man hier kaufen, wir haben aber auch noch ein paar in den Umzugskisten. Dann riecht es hier hoffentlich bald so schön wie zu Hause.

Januar

Weihnachten ist wohl schon vorbei. So ganz genau wissen wir das nicht. Wir hatten ja gedacht, es würde werweißwas passieren an Weihnachten. Wo es doch um nichts anderes ging, seit wir hier sind. Aber dann war da irgendwie nichts. Jedenfalls haben wir nichts mitbekommen. Ab dem 24. mittags waren die Straßen leer, alle Leute in ihren Häusern verschwunden, die Läden zu. Später haben wir dann ein paar Mal die Glocken läuten gehört. Das war's. (Glocken gibt es hier nur in Kirchen, glaube ich. Aber es gibt ganz schön viele Kirchen. In unserer Straße zum Beispiel sind zwei. Beide sind total groß, viel größer als die normalen Häuser.) Wir haben am 24. eine Familie besucht, die  auch aus Japan nach Düsseldorf gekommen ist, schon vor zwei Jahren, lange vor dem Tsunami. Es war ganz nett bei ihnen, aber auch ziemlich langweilig. Sie haben keine Kinder, und die Erwachsenen haben immer nur geredet und geredet. Und dauernd ging es um dieses kaputte Atomkraftwerk und was man essen darf und was nicht. (Papa sagt, dass das Kochen ohne Seetang überhaupt keinen Spaß macht. Aber Seetang soll man jetzt nicht mehr essen.)

Also: Wir waren bei Japanern, und was die Deutschen an Weihnachten machen, weiß ich immer noch nicht. Es muss ein Geheimfest in den Häusern sein. Auf der Straße merkt man nichts davon.

ABER gestern, also eigentlich in der Nacht von vorgestern auf gestern, da wurde es laut! Unglaublich. Mitten in der Nacht sind wir alle drei aufgewacht, weil es draußen gekracht, gedonnert und geknallt hat. Plötzlich war es kurz ganz hell im Zimmer, dann wieder dunkel und gleich wieder hell, aber rosa! Wir sind vorsichtig ans Fenster gegangen, zuerst nur Papa, dann Mama, und dann erst durfte ich rausgucken. Es war aber überhaupt nichts Schlimmes, und Papa hat das Fenster dann sogar aufgemacht. Es hätte uns ja mal einer sagen können, dass die Deutschen ein Feuerwerk machen, wenn das neue Jahr beginnt! Und dass sie nicht warten, bis es hell ist, sondern mitten in der Nacht rumballern! Unten auf der Straße standen Leute und schossen Kracher los, einfach zwischen den Autos. Kinder waren auch dabei, sogar kleine, echt verrückt. Es war ein bisschen wie am ersten Tag von unserem Volksfest Tanabata-Matsuri zu Hause. Nur dass hier jeder was anzünden darf, und deshalb knallt es ständig aus einer anderen Ecke, und man erschrickt viel mehr. Na ja, und dass es Winter ist. Und dass es mitten in der Nacht ist. Und dass man keinen schönen Sommerkimono anhat, sondern einen Schlafanzug. (Ich hab genau gesehen, dass ein Junge da unten nur eine Skijacke über seinem Schlafanzug anhatte.) Und natürlich hatte niemand einen Fächer in der Hand. So schön wie Tanabata-Matsuri war es also doch nicht. Aber ich hab an Wakana gedacht und an die Wünsche, die wir letztes Jahr an den Bambusstrauch gehängt haben.

Heute ist es wieder sagenhaft langweilig. Ich glaube, ich schreibe Wakana gleich noch einen Brief. Ich habe nämlich eine schöne, große Weihnachtsbriefmarke übrig. Auf Mails kann man ja leider keine Briefmarken kleben. Die Frau auf der Marke ist eine Art Göttin. Aber sie ist auch die Mutter von Gott. In der Schule hat uns das jemand erklärt, ich fand es ziemlich kompliziert (und dann noch auf Deutsch!). Auf jeden Fall ist die Frau in Deutschland sehr berühmt und heißt Maria. Das Kind ist das Kind von Gott, aber irgendwie auch selber ein Gott. Egal. Die zwei sehen einfach schön aus, finde ich.

Wakana hat mir eine Neujahrskarte geschickt!
Wir haben dieses Jahr nur ganz wenige Karten bekommen, nicht 250 wie im letzten Jahr. Die meisten Leute wissen ja gar nicht, wo wir jetzt wohnen.
In Wakanas Brief stand, dass die Kinder zu Hause wegen der Strahlung immer noch nicht draußen spielen dürfen. Ich spiele hier allerdings eigentlich auch nie draußen. 1. ist es kalt und regnet oft, 2. kenne ich hier kaum jemanden, weil ich 3. so wenig Deutsch kann, dass mich 4. niemand einlädt und ich 5. mich nicht traue, jemanden aus meiner Klasse einzuladen, deshalb sitze ich 6. jeden Nachmittag und Abend zu Hause und mache Hausaufgaben, lerne deutsche Vokabeln, lese, spiele ein bisschen am Laptop (wenn Mama ihn nicht braucht), und das ist 7. manchmal ganz schön blöd.

Heute haben wir zum ersten Mal einen Ausflug gemacht, so einen richtigen Familiensonntagsausflug. Die Sonntage sind hier noch viel sonntäglicher als in Japan. Alle Geschäfte haben zu, auf den Straßen ist ganz wenig Verkehr, die Leute bleiben, glaub ich, alle zu Hause. (Aber vielleicht nur im Winter?) Wenn man sich nicht was überlegt, kann man sich am Sonntag totlangweilen. Papa hatte die Idee, nach Bonn zu fahren. Das ist am Rhein, ungefähr eine Stunde von hier weg, und man kann mit dem Zug hinfahren. Zug fahren tu ich ja eigentlich gern, aber die Deutschen haben eine komische Art, Zug zu fahren. Erst mal weiß man am Bahnsteig nicht, wo man sich hinstellen soll, weil man nicht sieht, wo die Türen des Zugs sein werden. Das sieht man erst, wenn der Zug hält. Dann laufen die Leute alle los, um zur Tür zu kommen. Und wenn sie da sind, drängeln sie sich rein. Im Zug war es ziemlich voll und laut. Die Leute telefonieren hier im Zug, sie essen und trinken, manche unterhalten sich ganz laut. Zu Hause stelle ich mein Handy im Zug und im Bus immer aus, aber hier hab ich es einfach angelassen. Vielleicht hätte ich es noch nicht mal gehört, wenn es geklingelt hätte!

In Bonn sind wir dann gleich ins Beethovenhaus gegangen, weil es draußen so kalt war. Das Haus war ganz klein, mit Zimmern, die ungefähr so groß waren wie unsere Zimmer zu Hause. Vielleicht war es in Deutschland früher mal so gemütlich wie in Japan?
Alle Schilder waren auch auf Japanisch, und wir konnten alles lesen und verstehen. Außer uns waren noch andere Japaner da, eine ganze Gruppe. Aber keine Kinder.

Bei Musik haben die Deutschen einen ähnlichen Geschmack wie wir, glaube ich. Die Radiomusik hört sich jedenfalls an wie zu Hause, nicht nur Beethoven, auch die modernen Sachen. Aber beim Essen, da passt der Geschmack gar nicht. Das Essen ist SO anders! Wir haben uns nicht getraut, in Bonn in ein Restaurant zu gehen. Am Bahnhof gab es einen Imbiss, da

haben wir für jeden ein kleines Brot gekauft, das so eine Art Henkel hat und das man gut unterwegs essen kann. Ich wollte es für die Zugfahrt aufheben, hier darf man ja überall Picknick machen. Aber Mama hat den Kopf geschüttelt und so komisch traurig geguckt, dass ich es lieber gleich gegessen habe. Zu Hause (ich meine natürlich: in Düsseldorf) hat Papa dann ganz normal gekocht.

Heute ist Montag, der erste Schultag nach den Weihnachtsferien. Am Samstag und Sonntag war ich schon furchtbar aufgeregt, weil ich mir nämlich was vorgenommen hatte: Ich wollte mich zum ersten Mal melden und etwas sagen. Vor der ganzen Klasse und nicht nur, wenn die Lehrerin neben mir steht, ganz leise, wie sonst. Deshalb hab ich lange überlegt, was sie vielleicht fragt, damit ich die Antwort schon mal auswendig lernen kann. Und ich hab genau richtig geraten. Sie hat nämlich gefragt: „Erinnert ihr euch noch, worüber wir in der letzten Stunde vor den Ferien gesprochen haben?" Ich hab mich sofort gemeldet, und Frau Maibaum war natürlich baff und hat mich gleich drangenommen. „Wir haben über Zugvögel gesprochen", habe ich geantwortet. Der Satz sieht kurz aus, aber er ist nicht leicht! Ein Junge hat ganz laut „Hey, Yuna, super!" gerufen, und dann hat Frau Maibaum geklatscht, und alle anderen haben auch geklatscht. Ich bin knallrot geworden und hab nur auf mein Heft geguckt. Aber schön war es trotzdem!

Jetzt waren wir doch in einem deutschen Restaurant. „Altes Brauhaus" heißt das, weil man da früher das Bier selber gemacht hat. Es war laut, und alles war dunkel. Die Tische waren dunkel, und die Fensterscheiben waren so dunkel, dass man gar nicht richtig durchgucken konnte. Sogar das Bier sah ganz dunkel aus!
Und dann das Essen! Wir haben uns mit meiner Deutschlehrerin getroffen. (Ich soll jetzt Deutschstunden bekommen, jede Woche eine, nur ich, nicht mit anderen zusammen, damit es schneller geht. Das müssen wir aber bezahlen.) Die meinte, wenn wir schon in einem Brauhaus sind, müssten wir auch was richtig Deutsches essen. Was wir dann bestellt haben, heißt „Metzgers Leibgericht".

Jede Gegend in Deutschland hat ihre eigene Wurst. Und manche Leute würden am liebsten alle auf einmal essen! Um unsere Teller leerzuessen, hätten wir den ganzen Tag im Brauhaus bleiben müssen. So viel Wurst habe ich in meinem Leben noch nicht gegessen. Mama sowieso nicht, die hatte nach zwei Bissen genug und hat nur noch am Kartoffelpüree rumgenippt, weil sie nicht unhöflich sein wollte. Papa fiel mal wieder ein Sprichwort ein: hana yori dango – Lieber Knödel als

Kotelett
(mit Knochen)

Kassler

Wurst

Kartoffelbrei

Sauerkraut

noch mehr Wurst

Blumen. Er findet, Hauptsache, es macht satt, und er ekelt sich auch nicht vor Würsten.

Die Deutschlehrerin (ich kann mir ihren Namen nicht merken) hat dauernd gelacht und hinterher drei kleine Gläser Schnaps bestellt. Dann ist einem nicht mehr so schlecht, meint sie. Aber ich darf ja noch keinen Schnaps trinken. Ich hatte vorher noch nie gesehen, wie Papa und Mama Alkohol trinken. Ich glaube, es war ihnen peinlich, dass ich dabei war. Sie wollten aber die Lehrerin nicht enttäuschen und haben ihr Glas halb ausgetrunken.

Ich kann das Sauerkraut jetzt noch riechen, wenn ich daran denke. Vielleicht riecht sogar das Wort „Sauerkraut", wenn man es aufschreibt?

Das Schuljahr hat hier zwei Teile, und der erste ist bald zu Ende. Davor schreibt man alle möglichen Tests, und dann bekommt man ein Zeugnis.

Was hier sehr komisch ist: Wenn etwas in einem Test rot ange-
strichen ist, bedeutet das, dass es falsch ist! In Japan heißt rot:
gut gemacht!

Ich muss noch nicht alle Tests mitschreiben, und Noten
bekomme ich wahrscheinlich auch noch nicht in allen Fächern.
In Musik und Kunst will ich aber Noten haben! Da bin ich nämlich richtig gut. Mama findet, wenn ich nicht aufpasse, werde
ich so angeberisch wie die Deutschen. Ich finde Angeben aber
gar nicht so schlecht. Wenn Lili eine gute Note kriegt, brüllt
sie ganz laut rum: „Yippiieehh! Eine Eins! Ich bin die Größte!"
Einmal hat sie mich sogar umarmt. Einfach so, wegen der Note.
Es war ein bisschen komisch, aber eigentlich schön. Mama wäre
das bestimmt total peinlich gewesen.

Ich könnte ja mal das Angeben üben, nur für mich, hier zu
Hause, ohne dass es jemand merkt: Ich bin SUUUPER! Ich weiß
die deutschen Namen von fast allen Hauptstädten in Europa!
(Die habe ich gerade für einen Test gelernt.) Hört sich sehr seltsam an. Gar nicht nach Yuna aus Fukushima.

Meine Deutschlehrerin hat am Wochenende angerufen und
gefragt, ob wir mal zusammen spielen sollen. Sie hatte ein
neues Spiel gekauft und wollte das gern ausprobieren. Mit
„zusammen" meinte sie nicht nur sich und mich, sondern auch
Mama und Papa. Dabei sind die doch erwachsen! In Japan
spielen die Erwachsenen keine Spiele, bei denen man würfelt,
irgendwelche unsinnigen Sachen baut oder einfach nur Glück
haben muss. Aber hier gibt es Leute, die sich abends oder

am Sonntagnachmittag hinsetzen und spielen. Dabei haben manche von denen keine Kinder und müssten gar nicht spielen.

März

Ich bin 11! Seit gestern!

11 ist in der westlichen Schrift eine lustige Zahl. Ich stelle mir vor, dass da zwei Pinguine hintereinander stehen und aufs Meer gucken.

Wakana hat mir einen Brief geschrieben – und er ist genau gestern angekommen! Die Post lag auf dem Tisch, als ich aus der Schule kam. Weil Wakanas Brief so bunt ist und so besonders aussieht, habe ich ihn an einem roten Band in ein Zimmer gehängt. Mama hat ein Foto gemacht, das schick ich Wakana, wenn wir es auf Papier haben.

In Deutschland feiert man jeden Geburtstag – immer genau an dem Tag, an dem man auch geboren ist. Am 1. Januar feiern deshalb nicht ganz viele Leute, sondern nur die, die wirklich am 1. Januar geboren sind.

In der Schule wussten alle, dass ich Geburtstag habe. Frau Maibaum hat eine Liste mit den Geburtstagen von allen Kindern und hat es der ganzen Klasse gesagt, als ich nicht dabei war. Und manche hatten sich was ausgedacht: Sie haben sich T-Shirts mit japanischen Schriftzeichen gekauft und sie gestern angezogen. (Man darf in der Schule ja anziehen, was man will.) Das war ziemlich lustig, sie wussten nämlich gar nicht, was die Zeichen bedeuten. Auf einem T-Shirt stand: Sojasoße! Wer schreibt denn auf ein T-Shirt Sojasoße!? Alle wollten von mir wissen, was auf ihrem T-Shirt steht. Frau Maibaum hatte ein

Wörterbuch dabei, und ich habe nachgeguckt, wie das deutsche Wort heißt. Ein paar Schriftzeichen standen aber nicht im
Wörterbuch, und ich glaube: Die gibt es gar nicht. Die T-Shirt-
Drucker haben sich einfach welche ausgedacht, die irgendwie
japanisch aussehen. Oder sie haben sie aus Mangas falsch
abgemalt. Könnte ja sein. Mangas gibt es hier nämlich, und
manche Leute verkleiden sich sogar wie bei uns. Das weiß ich
aus dem Fernsehen.
Danach haben alle ein Lied gesungen und mich dabei angeguckt. Ich bin wieder knallrot geworden, aber nicht mehr ganz
so rot wie bei meinem ersten Satz.

YUNA

Ich muss jetzt noch Hausaufgaben machen. Die macht hier
jeder allein zu Hause, und ich mache sie weiter mit Mama. Es
gibt aber auch Kinder, die zum Kumon gehen, fast wie in Japan.
(Kumon ist bei uns so was wie Nachhilfeunterricht, aber auch
ein Vorhilfeunterricht: Man lernt sogar Dinge, die erst später
drankommen.)

Eigentlich wollten wir an diesem Wochenende meinen Geburtstag feiern. So wie die deutschen Kinder das machen. Unsere Vermieterin hat gesagt, dass ich ruhig Kinder aus der Schule einladen soll. Sie kommt dann und übersetzt, damit wir Spiele machen können und alle verstehen, was wir sagen. Aber dann hab ich mich nicht getraut. Unsere Wohnung ist so klein, und rausgehen kann man bei dieser Kälte ja auch schlecht. Die Nachbarin fand, wir könnten Schlittschuh laufen, aber das hab ich erst ganz selten gemacht, und dann reden alle anderen bestimmt immer nur unter sich, und ich verstehe nichts. Ich hatte gestern dann auch Halsschmerzen und irgendwie war mir dauernd schwindelig. Vielleicht nächstes Jahr.

Was ich fast vergessen habe: Ich habe ein Zeugnis bekommen, aber es waren nur wenige Noten drauf. (1 ist hier die beste und 6 die schlechteste Note.) Dafür hat Frau Maibaum einen Satz unter das Zeugnis geschrieben: „Yuna macht große Fortschritte und integriert sich gut in die Klasse." Integrieren heißt: die anderen mögen mich, und ich mag sie auch, und wir passen ganz gut zusammen, sagt Mama. Sie ist stolz auf mich. Papa auch.

Ich habe angefangen, eine Liste zu machen mit allen Wörtern, die besonders komisch sind.
Das hier ist total schwierig auszusprechen. Man muss es flüstern, glaube ich:
EICHHÖRNCHEN
Ich kann es jedenfalls nicht laut sagen. Genau wie SCHÜSSEL-CHEN. Das kann man auf keinen Fall rufen.

Eichhörnchen

Jetzt habe ich doch Geburtstag gefeiert. Aber nicht meinen, sondern den von Josefine. Die ist gestern zehn geworden, und da bin ich gleich nach der Schule mit den anderen Mädchen zu ihr nach Hause gegangen. Zuerst gab es was zu essen: lange, dünne Würste, und dazu hat Josefines Vater jedem einen großen gelben Berg auf den Teller gehäuft, der sehr lecker schmeckte. Ich wusste aber erst gar nicht, dass es kalte Kartoffeln waren, vor lauter Soße hat man sie nämlich nicht erkannt. Als wir satt waren, hat Josefine einfach alle Geschenke aufgemacht, obwohl die Gäste noch da waren. Da konnte jeder sehen, was der andere geschenkt hat. Mir war es peinlich, aber den anderen nicht, glaube ich. Josefine hat sich auch nur ganz kurz bedankt: „Danke!" Und fertig.

Sie hat dann den ganzen Stapel Papier einfach liegen lassen, und wir sind alle nach draußen gegangen und bis zu einem kleinen Tal gelaufen, wo ein Bach fließt. Dort haben wir ein Spiel gemacht, bei dem man Zettel suchen muss. Auf den Zetteln standen Aufgaben, die wir erledigen mussten, und zwar möglichst schnell. Wir waren nämlich zwei Gruppen, und jede wollte schneller sein als die andere. Ich habe nicht alles ver-

standen, aber ich bin einfach immer mit meiner Gruppe mit-
gelaufen. Komisch war nur der Name von dem Spiel. Es heißt
Schnitzeljagd, und ich habe in meinem Wörterbuch nachgeguckt: Schnitzel sind Stücke vom Kalb oder vom Schwein, die
man in der Pfanne brät. Wer findet denn so was draußen in der
Natur?

Juni

Gestern hat Papa mich von der Schule abgeholt, weil wir
zusammen einkaufen wollten. Da hat er gehört, wie ich ein
paar Mädchen aus meiner Klasse etwas zugerufen habe. Er hat
ganz große Augen bekommen, und dann habe ich genau gesehen, wie stolz er ist. Seine Tochter spricht Deutsch!

Ich wäre auch gern stolz auf Papa. Wenn er bloß endlich einen
Job finden würde! Damit wir hier bleiben dürfen, müssen
Mama und Papa nämlich unbedingt anfangen zu arbeiten.
Oder wenigstens einer von beiden. Mama hat zu Hause in einer
Apotheke gearbeitet. Das kann sie hier nicht machen, sie hat ja
keine Ahnung von den deutschen Medikamenten. Papa könnte
in einem Restaurant anfangen, aber er hat keine Lust, in der
Küche zu stehen und immer nur zu spülen, Gemüse kleinzu-
schneiden oder zu frittieren. Er war doch der Chef von unserem
eigenen Restaurant! Aber wenn er kein Deutsch spricht, kann
er ja hier kein Chef sein. Und er lernt so wahnsinnig langsam!
Papa sieht gar nicht alt aus, aber sein Kopf ist vielleicht doch
schon ein bisschen alt – außen nicht, aber innen drin, glaube
ich. Manchmal werde ich richtig sauer, wenn er versucht,
Deutsch zu reden. Er sagt nur ganz wenig, und davon ist die

Hälfte falsch. Oder er spricht die Wörter so komisch aus, dass
man gar nicht kapiert, dass es Deutsch sein soll. Mensch, Papa,
streng dich an! Du MUSST einen Job finden!

Heute bin ich nur noch halb so sauer wie gestern. Papa hat
nämlich vorhin für uns gekocht, und es war WAHNSINNIG
lecker! Er ist eben doch ein richtig guter Koch, und bei ihm
schmeckt es immer, selbst wenn er hier im Supermarkt nicht
alles findet, was er braucht.
Ich weiß jetzt auch, warum ich gestern so sauer war: Weil ich
in Deutschland bleiben will. UNBEDINGT! Dass ich das will,
hab ich vorher gar nicht so richtig gemerkt. Aber wenn
ich jetzt denke: Wir müssen nach Japan zurück,
weil Papa keinen Job findet, dann hab ich einen
Kloß im Hals. Hier sind doch Lili und Josefine, hier ist Frau Maibaum, unsere Wohnung, die jetzt richtig schön aussieht ... Ich
will nicht weg. Ich will nicht wieder alles in
Kisten packen. Ich will mich bei niemandem
mehr verabschieden. Ich will nicht, dass mich
jemand mitleidig anguckt und mir über den
Kopf streicht! Ich will nicht, dass jemand
sagt: „Aber wir können uns ja schreiben."
Das ist Quatsch. Schreiben ist doch nicht
dasselbe wie Richtig-da-Sein!

November

Ich habe schon lange nichts mehr geschrieben. Aber jetzt gibt es eine ganz verrückte Sache. Verrückt und total geheim! Deshalb muss ich sie unbedingt aufschreiben.

Papa hat einen Job gefunden – als Koch! Als richtiger Koch und nicht als Küchenhilfe. Aber für wen er kocht, das verrät er nicht. Niemandem. Nur Mama hat er es gesagt. Und ich soll es morgen erfahren. Dann ist Samstag und ich muss nicht in die Schule.

Papa kocht seit ein paar Wochen den ganzen Vormittag lang. Das hab ich erst nicht gemerkt, denn dann bin ich ja in der Schule. Wenn er fertig ist, packt er die Sachen ein und fährt sie viele Kilometer über die Autobahn zu einem Mann, der sie isst. Dieser Mann ist reich, und er könnte auch jeden Tag in ein Restaurant gehen und sich ganz leckere und teure Sachen bestellen. Aber das tut er nicht. Er will nämlich, dass gerade Papa

für ihn kocht. Das hat Papa mir heute Abend erzählt. Sehr, sehr seltsam, das alles.

Morgen sollen Mama und ich den geheimnisvollen Mann kennenlernen. Dann wird Papa nicht kochen, sondern wir werden uns ohne all die Töpfe und Plastikbehälter ins Auto setzen und zu ihm fahren. Aber nicht zu ihm nach Hause, sondern nach …? Wohin genau, das verrät Papa nicht. Aber er hat uns zugezwinkert, und er hatte supergute Laune.

Ich dachte ja, wir müssten uns schick machen, wenn wir den reichen Mann besuchen. Aber heute Morgen hat Papa gesagt, wir sollen uns warme Sachen anziehen. Am besten eine Jacke mit Kapuze und Schuhe mit dicker Sohle. Und dann hat er zwei Thermoskannen mit heißem Tee eingepackt. Ich hab echt Angst bekommen, dass er bei diesem Sauwetter mit uns ein Picknick machen will. Dass ein Mann, der einen Privatkoch hat, sich irgendwo mit uns treffen will, wo es keine Heizung gibt, kann ja wohl nicht wahr sein.

Wir haben uns also warm angezogen und sind ins Auto gestiegen. Papa hat die ganze Fahrt vor sich hin gepfiffen und gesummt. Das hat er schon ewig nicht mehr gemacht.
Als wir von der Autobahn abgebogen sind, ist Papa den Schildern gefolgt, auf denen „Stadion" steht. Das Wort hat er also gelernt. Und dann standen wir plötzlich im Stau. Es sah ganz so aus, als wären wir nicht die Einzigen, die heute den reichen Mann treffen wollten. Bei vielen Autos hingen Schals aus dem Fenster, und auch die Leute in den Autos sahen irgendwie

verkleidet aus. Manche haben gehupt, aber nicht, weil sie sich geärgert haben, sondern einfach aus Spaß. Das hab ich sofort gemerkt, sie haben ja dabei gewunken und gelacht.

„Weißt du jetzt, für wen ich koche?", hat Papa gefragt.

Ich stand aber immer noch auf dem Schlauch. Vielleicht für den Parkplatzmann, der die Autos auf ihre Plätze dirigiert?

„Ich koche für einen jungen Mann, der ganz viel Power braucht. Wenn du ihn gleich auf dem Rasen rennen siehst, weißt du, ob ich gut gekocht habe."

Hä? Tut mir leid, aber welcher Verrückte rennt denn bei diesem Wetter über einen Rasen?

Und dann saßen wir auf der Tribüne. Die Leute neben uns haben laut gesungen, gerufen, einander die Arme um die Schultern gelegt und gelacht. Fast alle hatten Bierflaschen in der Hand. Nur Papa hat den grünen Tee aus dem Rucksack geholt und uns die heißen Becher gereicht. Wir haben angestrengt nach unten gestarrt. Und dann hat Papa gerufen: „Der kleine Schnelle, der, der ständig quer über die Mitte des Platzes saust – der da, seht ihr ihn? Der sich da wie eine Schlange zwischen den anderen durchwindet – das ist er!" Und dann haben wir ihn auch gesehen. Ganz oft war er am Ball, einmal hat er ihn in einem sagenhaft hohen Bogen bis ganz nah vors Tor geschossen. Er sah aus wie ... wie ... Neben uns haben die Leute plötzlich gejubelt und seinen Namen gebrüllt. Eigentlich mag ich so ein Gebrüll nicht, aber in dem Moment hab ich die ganze Geschichte kapiert. Und auf einmal war ich total stolz: Papa kocht für einen berühmten japanischen Fußballspieler!

Und wenn er nicht so gut kochen könnte, hätte der gar nicht die Kraft, um so supergut Fußball zu spielen!
Nach dem Spiel sind wir nach unten gegangen. Und jetzt habe ich auf meinem Handy ein Bild: Papa, Mama, ich und der große Unbekannte.

Jetzt ist das Geheimnis kein Geheimnis mehr. Jetzt dürfen es alle wissen: Mein Papa ist nicht arbeitslos, mein Papa hat einen superguten Job. Einen Traumjob! Er kocht für den Fußballspieler, den alle bewundern. Jedenfalls alle Japaner.

Wenn „unsere Mannschaft" spielt, sitzen wir jetzt alle drei vor dem Fernseher und drücken Papas Chef die Daumen. Okay, wir brüllen nicht wie die Deutschen im Stadion, aber wir sitzen auf der Stuhlkante und halten uns vor Aufregung den Mund zu. Und wir sind riesig erleichtert, wenn „wir" gewinnen. Neulich hat Papa Mama nach dem Abpfiff sogar ganz fest umarmt. Obwohl ich dabei war! Papas Deutsch ist ja immer noch mies, aber er benimmt sich schon fast wie ein Deutscher.

Wenn unser Fußballer Auswärtsspiele hat und in andere Städte fährt, hat Papa frei. Aber an manchen Tagen bringt sein Chef andere Fußballspieler mit, und alle essen riesige Mengen. Papa macht es Spaß, ihnen dabei zuzusehen, und wenn er am späten Nachmittag nach Hause kommt, sieht er richtig glücklich aus.

Ich glaube, jetzt sind wir angekommen. Wir sind gerne hier. Wir passen hier hin. Wenn ich „zu Hause" sage, meine ich jetzt „hier zu Hause" und nicht mehr „dort zu Hause", weit weg in Japan. Ich kann jetzt eigentlich aufhören, abends Sachen aufzuschreiben. Ich habe ja Lili und Josefine, denen ich alles erzählen kann. Die ruf ich jetzt mal an. Heute ist es das erste Mal so richtig kalt und sonnig. Da muss man Schlittschuh fahren. Denn so begrüßt man hier den Winter.

früher:
JUGOSLAWIEN

Denkmal von General TiTO→

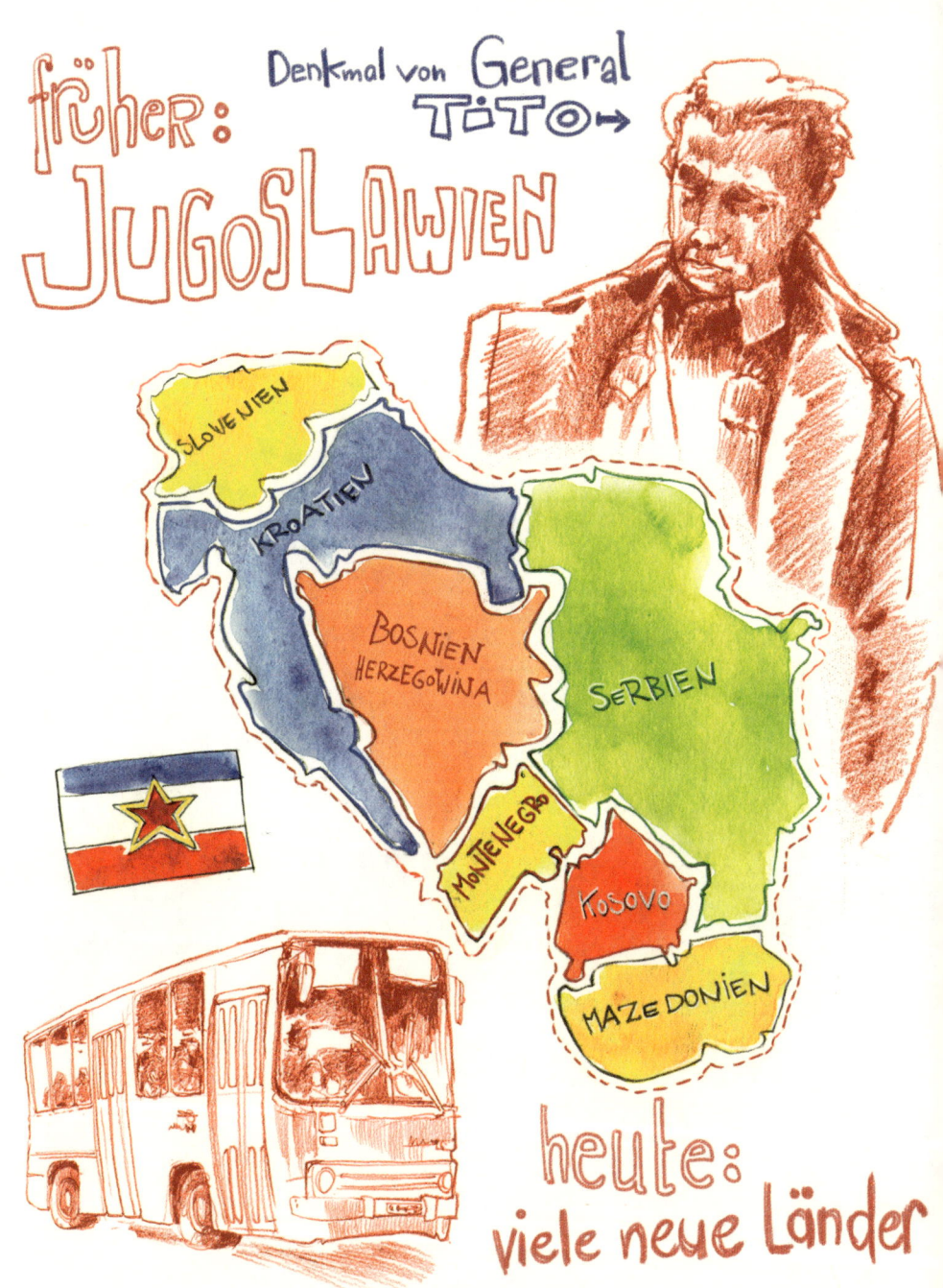

SLOWENIEN

KROATIEN

BOSNIEN HERZEGOWINA

SERBIEN

MONTENEGRO

KOSOVO

MAZEDONIEN

heute:
viele neue Länder

Boss

Bis vor etwas mehr als 20 Jahren gab es ein Land, das Jugoslawien hieß. In diesem Land lebten aber nicht die Jugoslawen, die gibt es nämlich gar nicht. In Jugoslawien lebten Serben, Kroaten, Mazedonier, Slowenen, Albaner, Montenegriner und Bosnier. Und obwohl diese Völker sich nicht gut verstanden und oft miteinander stritten, mussten sie sich doch immer einigermaßen vertragen. In Jugoslawien regierte nämlich ein sehr strenger Staatspräsident, der dafür sorgte, dass alle bestraft wurden, die Streit anfingen. Als er starb, wollte jedes Volk endlich seinen eigenen Staat haben. Die Serben gründeten Serbien, die Kroaten Kroatien und so weiter. Die meisten waren nun zufrieden, aber in manchen Teilen des Landes wurde der Streit nur noch schlimmer. Schließlich gab es einen richtigen Krieg. Am längsten dauerte der Krieg im Kosovo, wo sich die Völker bis heute streiten. Mitten in diesem ganzen Streit lebt ein Volk, das nirgendwo richtig hingehört und kein eigenes Land hat. Zu diesem Volk gehört Boss. Als seine Familie es im Kosovo nicht mehr aushielt, zog sie nach Leipzig.

August

Ich sage euch, wie ich heiße. Aber ihr dürft nicht lachen!
Ich heiße Boss.
Im Kosovo fanden die Leute das ganz normal. Hier scheinen es alle total lustig zu finden.
„Boss!?", rufen sie, wenn sie meinen Namen hören. „Echt? Du heißt Boss?"

Ich finde meinen Namen ziemlich genial. Wenn ich einen anderen Namen hätte, gäbe es in unserer Familie bestimmt Streit. Aber weil ich Boss heiße, sind alle zufrieden und vertragen sich. Die Sache ist nämlich so: Mein Vater ist Muslim. Meine Mutter ist katholisch. In der Familie meines Vaters heißen die Jungs Muhammad, Murat oder Omar. In der Familie meiner Mutter heißen sie Pjeter, Pal oder Jak. Das sind christliche Namen, die es in Deutschland auch gibt: Peter, Paul und Jakob. Man merkt also immer gleich, welche Religion einer hat, wenn man seinen Namen hört. Nur bei ein paar Namen kann man es nicht gleich wissen, und von denen haben sich meine Eltern einen für mich ausgesucht. Ein Kind, das Dollar heißt oder Monaco, verrät nicht, ob seine Eltern Christen sind oder Muslime. Dafür wissen alle gleich, was die Eltern sich wünschen: dass ihr Kind einmal reich wird. Ich heiße also Boss. Vielleicht werde ich mal ein Chef, und wenn nicht, werde ich trotzdem schicke Anzüge tragen.

Mein Name ist auch klasse, weil jeder ihn richtig ausspricht und weil er leicht zu merken ist. Er funktioniert in jeder Sprache, und das ist in unserer Familie besonders wichtig. Wir haben nämlich nicht nur verschiedene Religionen, wir sprechen auch verschiedene Sprachen. Mein Vater spricht Serbisch, meine Mutter Albanisch, und weil wir jetzt in Leipzig wohnen, lernen wir alle Deutsch. Und dann haben wir noch unsere Familiensprache. Aber die ist unser Geheimnis.

Ich heiße also Boss und bin der erste Junge in der Familie. Meine älteren Schwestern heißen Venezia und Jamaica, und mein kleiner Bruder heißt Armani. Ich bin gespannt, welchen Namen unser Baby bekommt. Das ist noch nicht geboren, und wir wissen nicht, ob es ein Mädchen oder ein Junge wird. Die Mädchen wollen natürlich eine Schwester, und wir Jungs wollen einen Bruder. Jetzt steht es ja 2:2. An Weihnachten steht es dann 3:2 – aber für wen?

Wir sind echt eine ganz besondere Familie, nicht nur, weil wir so besondere Namen haben, weil wir so viele Sprachen sprechen und weil wir gleichzeitig muslimisch und christlich sind. Bei uns gibt es auch viel mehr Feste als bei anderen Leuten. Wir feiern nicht nur Weihnachten und Ostern, wir feiern auch das Opferfest und das Zuckerfest. Und dann natürlich noch Silvester, Mariä Himmelfahrt und unsere sechs Geburtstage. Wenn unser Baby da ist, sind es sieben Geburtstage! Besonders freue ich mich auf Herdelezi. Das ist unser Frühlingsfest, und nur wir und ein paar andere Familien feiern es. Noch so eine Geheimsache.

Seit drei Wochen sind wir in Leipzig, und deshalb war Mariä Himmelfahrt das erste Fest, das wir hier gefeiert haben.

„Lass uns doch lieber erst nach dem 15. August nach Deutschland fahren", hat Mama immer gesagt. „Dann können wir alle noch zur Schwarzen Madonna gehen. Und danach reisen wir mit dem Segen der Mutter Gottes."

Aber Papa war dagegen. „Was weißt du, was in zwei Wochen ist? Vielleicht lassen die Deutschen uns dann nicht mehr rein. Wir sind ja nicht die Einzigen, die nach Deutschland wollen."

Mama ist ein totaler Fan von der Schwarzen Madonna. Deshalb ist es für sie wahnsinnig wichtig, dass sie jedes Jahr am 15. August nach Letnica reist, wo die Madonna steht. Letztes Jahr war ich dabei. Erst sind wir mit dem Bus gefahren, danach ging es zu Fuß weiter. Mama hat die Schuhe ausgezogen und ist bis zur Kirche barfuß gelaufen. Das ist irgendwie heiliger. Mama sagt auch nie, dass sie zur Madonna wandert oder fährt. Sie sagt immer, dass sie pilgert. Das ist irgendwie auch heiliger als Busfahren oder Spazierengehen.

Es war ein ganz schön langer Weg, und es war ein schrecklich heißer Tag. Ich habe meine Schuhe nicht ausgezogen, mir taten die Füße auch so schon weh genug. Ich glaube, Mama taten sie auch weh, aber sie findet, das muss so sein, wenn man pilgert. Dann ist man viel glücklicher, wenn man endlich die Kirche erreicht hat.

Die Schwarze Madonna war wirklich sehr schön. Sie hatte ein schneeweißes Kleid an und eine goldene Krone auf dem Kopf. Genau wie das Jesuskind auf ihrem Arm. Aber warum sie

schwarz ist, habe ich nicht herausgefunden. Vielleicht hat
jemand ihr Gesicht und ihre
Hände schwarz angemalt?
Oder sie ist aus schwarzem
Holz? Das könnte ja auch
sein. Leider hing sie weit
über uns, da konnte ich
nicht genau nachschauen.

Dieses Jahr war also nichts
mit der Schwarzen Madonna.
Ich fand es auch besser, dass
wir gleich gefahren sind, und so
lange zu Fuß laufen wie letztes
Jahr wollte ich sowieso nicht
noch mal.
„In Deutschland findest du
bestimmt auch eine Madonna, zu
der du pilgern kannst", meinte Papa, um Mama zu trösten.
Wir waren kaum in Leipzig, da hat Mama auch schon geguckt,
ob es nicht eine Schwarze Madonna gibt. Gibt es aber nicht.
Nach ein paar Tagen hat sie immerhin eine Kirche gefunden,
die gar nicht weit weg von unserer Wohnung ist und die Liebfrauen heißt. Liebfrauen sagen manche zu Maria, und in dem
Glaskasten vor der Kirche steht auch noch Mariä Himmelfahrt.
Mama kann so was nicht lesen, aber wenn sie etwas unbedingt
wissen will, kriegt sie es trotzdem immer heraus.

Mama hat es dann tatsächlich geschafft, am 15. August unsere komplette Familie zu dieser Kirche zu schleppen. Sogar Papa, obwohl der doch Muslim ist. Wenn Mama sich was wünscht, ist es besser, man wünscht sich das selber auch. Papa weiß das längst und macht lieber gleich, was Mama möchte, und deshalb war unser erster Familienausflug in Deutschland also unser Besuch bei Liebfrauen. Die Kirche war längst nicht so voll wie die in Letnica. Die Leute waren außerdem ziemlich leise und saßen ganz still in ihren Bänken. Gesungen haben sie zwar, aber nicht so laut und schön wie bei uns zu Hause. Und so edel und strahlend wie die Schwarze Madonna ist die Leipziger Maria längst nicht. Aber wir waren ja schon froh, dass in der Kirche überhaupt eine stand. Mama hat sich vor sie gekniet und uns ein Zeichen gegeben, dass wir uns neben sie auf die Bank knien sollen. Und dann hat sie leise gebetet: „Palikeras tuke Maria, pherde kamipeha le delestar, o del hi tuha, tu sal oja dschuvli telo dschuvla …"

Erst danach hat sie ihr Portmonee genommen und damit Marias Füße berührt. Das macht sie am 15. August immer. Die Leute neben uns haben ganz schön komisch geguckt.

Ich glaube, sie wissen nicht, dass man das so machen muss, damit das ganze Jahr genug Geld im Portmonee ist. Wenn ich Deutsch könnte, hätte ich es ihnen gesagt. Dann würden sie es bestimmt genauso machen. Aber vielleicht kümmert sich in Deutschland Maria auch gar nicht um das Geld? Oder die Deutschen haben sowieso genug und müssen Maria nicht darum bitten? Die Autos hier sehen jedenfalls aus, als kämen sie alle frisch aus der Fabrik. Und die meisten Leute haben Hosen und T-Shirts an, die sie bestimmt erst gestern gekauft haben, so neu sehen die aus. Mama findet es immer sehr wichtig, dass wir ordentlich aussehen, aber hier fallen wir trotzdem auf, glaube ich. Ich bin mal gespannt, wie das wird, wenn die Schule beginnt. Wenn man in Deutschland ist, muss man nämlich unbedingt zur Schule gehen, ob man Lust hat oder nicht. Nicht hingehen gibt's einfach nicht. „Dann kommt sogar die Polizei und holt das Kind", hat Insa gesagt.

Insa ist die Frau, die unten in unserem Haus ein Zimmer hat. Das Zimmer ist ein bisschen wie ein Büro und ein bisschen wie das Wartezimmer beim Kinderarzt. Da ist Insas Schreibtisch mit ihrem Papierkram, aber da stehen auch ein paar Stühle, wenn wir mal so richtig im Sitzen über was Schwierigeres reden wollen. Und für die Kleinen gibt es Spielzeug. Zu Insa gehen wir, wenn uns was fehlt oder wenn wir bei irgendwas Hilfe brauchen. Insa hat sich auch darum gekümmert, dass jeder von uns in die Schule kommt, die für ihn passt. Manchmal schaut sie auch bei uns oben vorbei und guckt, ob wir klarkommen. Das finde ich sehr nett, nur Papa stört es, glaube ich.

„Dauernd steckt hier jemand seine Nase in unsere Angelegen-
heiten", sagt er. „Bin ich etwa nicht selber erwachsen?"
Papa will alles alleine herausfinden und geregelt kriegen. Die
Sache mit den verschiedenen Mülltonnen hätte er aber zum
Beispiel bestimmt nicht selber rausgekriegt. Zu Hause haben
wir alle Abfälle auf einen Haufen geworfen und hinter dem
Haus verbrannt. Fertig, aus. Hier stehen hinter dem Haus vier
riesige Tonnen aus Plastik, und man muss bei jedem Stück Müll
überlegen, wo man es hineinwerfen soll. Die Tonnen haben
verschiedene Farben, damit man sie nicht verwechselt. Aber
man muss auswendig wissen, was die Farben bedeuten. Wenn
du eine Bananenschale in die Tonne für die Plastiktüten wirfst,
kommt bestimmt ein Nachbar und guckt so streng, als könnte
er dich dafür ins Gefängnis werfen lassen. Ich finde deshalb,

Papa sollte Insa ruhig einfach zuhören. Dann kapieren wir alles schneller und kriegen keinen Ärger.

Insa hat uns auch einen Zettel mit der Hausordnung hiergelassen.
„Da steht alles, was Sie wissen müssen, in drei Sprachen, auch auf Serbisch", hat sie gesagt.
Papa und Mama lesen aber nicht gerne, glaube ich. Und bestimmt ist die Hausordnung nicht in unserer geheimen Familiensprache geschrieben. Jedenfalls hat Papa den Zettel gleich ganz oben auf den Schrank gelegt. Ich kann ja noch nicht gut lesen, aber wenn ich ein paar Wochen in die Schule gegangen bin, steige ich mal auf den Küchenstuhl und hole den Zettel herunter.

November

In Deutschland gehen wirklich alle Kinder jeden Tag in die Schule. Nur samstags und sonntags nicht. Ich sehe genau, dass nicht alle gerne früh aufstehen, aber sie tun es trotzdem. Das ist ganz anders als bei uns zu Hause, und meine Eltern müssen sich auch erst noch daran gewöhnen. Sie finden diese Schulsache nicht so wahnsinnig wichtig wie die Deutschen.
„Ich weiß gar nicht, wie viele Wochen ich zur Schule gegangen bin", sagt mein Vater. „Aber schau mich an: Bin ich unglücklich?"
„Muss man in Mathematik eine Eins haben, um ein gutes Essen zu kochen?", fragt meine Mutter. „Sag ehrlich: Schmeckt es dir bei uns nicht wunderbar? Das habe ich nicht in der Schule gelernt!"

Es stimmt. Papa ist kein bisschen unglücklich, und Mama kocht super. Bei uns zu Hause schmeckt mir alles viel besser als in der Schule. Deshalb gehe ich auch nicht mehr zum Mittagessen. Frau Wetter, unsere Lehrerin, findet zwar, ich soll lieber in der Schule essen und dann noch dableiben, damit mir jemand bei den Hausaufgaben hilft. Aber Hausaufgaben mache ich sowieso nicht so gerne, und auf Deutsch sind sie noch schwerer. Mama freut sich, wenn wir alle nach Hause kommen und zusammen am Tisch sitzen. Vielleicht langweilt sie sich sonst ein bisschen? Papa läuft viel durch die Stadt, er kennt Leipzig schon ziemlich gut. Dabei sollen Papa und Mama eigentlich auch in so was wie eine Schule gehen und Deutsch lernen. Der Unterricht beginnt aber früh am Morgen, und der Weg ist ganz schön weit. Deshalb haben sie es erst ein paar Mal geschafft. Mama findet außerdem, für sie lohnt es sich gar nicht mehr. Bald ist ja das Baby da, und dann muss sie sowieso zu Hause bleiben.

Ich bin mir nicht sicher, ob Frau Wetter recht hat oder ob meine Eltern recht haben. Frau Wetter glaubt, dass die Schule das Allerallerwichtigste ist. Wenn man da nicht hingeht, bis man sechzehn oder sogar siebzehn ist, dann kann man keinen richtigen Beruf lernen und kein Geld verdienen. Papa und Mama finden, dass man immer irgendwie Geld verdienen kann. Es gibt doch so viel Arbeit, und wenn man die macht, gibt einem jemand Geld dafür.

„Im Kosovo hatten wir aber kein Geld. Unser Haus war scheuß-
lich, und dauernd war irgendwas kaputt ", habe ich ihnen
gesagt. „Deshalb sind wir doch weggegangen."
„Im Kosovo ging es uns schlecht, weil keiner uns in seiner Nach-
barschaft haben wollte. Wir durften nur da wohnen, wo die
anderen nicht wohnen wollten", hat Papa erklärt. „Wir gehör-
ten halt nicht dazu."
Da ist sie wieder, die Sache mit unserem GROSSEN GEHEIM-
NIS. Es erklärt alles, aber wir dürfen es anderen nicht erklären.
„Sonst mögen die uns wieder nicht", sagt Mama.
Es ist nämlich so, dass alle Völker ein eigenes Land haben. Die
Deutschen wohnen in Deutschland, die Italiener wohnen in
Italien, die Ungarn in Ungarn. Nur wir haben kein Land. Wahrscheinlich hatten
wir mal eins, aber
das ist schon viele
hundert Jahre her.
Weil wir kein eigenes
Land haben, wohnen
manche von uns hier
und manche da. Als
Oma und Opa noch
Kinder waren, sind
ihre Familien mit
Wohnwagen herum-
gezogen, aber das darf
man jetzt nicht mehr.
Und vielleicht hat es

ihnen auch irgendwann keinen Spaß mehr gemacht. Auf jeden Fall waren sie gerade in Jugoslawien, als alle in Häuser umziehen mussten. Und deshalb sind wir im Kosovo geboren.

„Wir sind und bleiben anders als die anderen", sagt Papa. „Und das ist auch gut so. Wir sind wir. Oder möchtest du nicht unser Kind sein?"

Doch, klar. Ich mag meine Familie. Ich will auch gar keine andere. Aber die Sache mit dem Geheimnis ist doof. Wenn einer fragt: „Wo kommst du her?", sage ich: „Aus dem Kosovo." Dabei reden Papa und Mama immer schlecht über die Leute aus dem Kosovo. Zu denen will ich doch gar nicht gehören! Ich möchte nicht, dass die Leute denken, dass ich da herkomme! Oma hat mal erzählt, dass „unsere Leute" eigentlich aus Indien kommen. (Oma sagt immer „unsere Leute".) Aber das glaube ich nicht. So weit kann doch kein Mensch laufen. Ich würde gern mal Frau Wetter fragen, ob das stimmt. Die weiß so viel. Aber dann müsste ich ihr von unserem großen Geheimnis erzählen und dass wir irgendwie aus dem Kosovo kommen, aber irgendwie auch nicht…

Januar

Unser Baby ist da! Wir Jungs haben zwar nicht gewonnen, und es steht jetzt 3:2 für die Mädchen, aber die Kleine ist total knuffig. Ich mag sie, und sie kann ja nichts dafür, dass sie ein Mädchen ist. Meine Eltern haben wieder einen Namen ausgesucht, mit dem sicher alle in der Familie zufrieden sind und der sehr schön klingt: Princessa. Wie eine kleine Prinzessin sieht sie auch aus. Papa hat ihr gleich nach der Geburt ein Armband mit

einer kleinen Perle umge-
bunden. Das blaue Auge
auf der Perle schützt das
Baby. Wenn ein Baby so
süß aussieht wie unse-
res, sind die Nachbarn ja
bestimmt neidisch und
wünschen ihm Böses.
Und schon wird es krank.
Mit dem blauen Perlen-
auge passiert das nicht so leicht.

Tuleschach »
leckerer Eintopf aus Weißkohl,
Hühnerfleisch und
Schweinefleisch

Papa hat auch schon am Tag nach der Geburt überlegt, was
Princessa mal werden soll. Bei uns ist es nämlich so, dass man
dem Baby etwas in die Hand gibt, das mit seinem späteren
Beruf zu tun hat.
„Am wichtigsten ist natürlich, dass sie so eine gute Köchin wird
wie Mama", hat Papa gesagt.
„Dann kannst du ihr ja einen Kochlöffel in die Hand geben", hat
Venezia vorgeschlagen.
„Oder gleich einen Weißkohl! Tuleschach mag ich am liebsten."
Ich hab mir gleich gedacht, dass Jamaica das vorschlägt.
„Das arme Baby! Der Kohl ist doch so groß." Armani hat uns
angeguckt, als würde er uns echt zutrauen, dass wir einen Kohl
ins Babybettchen legen.
„Vielleicht will sie lieber was anderes machen, als immer zu
kochen. Musik machen zum Beispiel." Mir ist plötzlich eine Idee

gekommen. „Guckt mal, was für lange Finger sie hat. Vielleicht will sie ja später Klavier spielen?"

„Oder Harfe!"

„Oder Gitarre!"

Wir haben aber kein Klavier und keine Harfe, noch nicht mal eine Gitarre. Und außerdem wären die noch größer als der Kohl und würden das Baby erdrücken.

„Wo ist denn deine Geige?", hat Mama Papa gefragt. „Hast du die zurückgelassen? Seit wir hier sind, hast du gar nicht mehr gespielt."

„Stimmt. Meine Geige ... Natürlich habe ich sie mitgenommen. Aber wo steckt sie?"

Papa hat irgendwas vor sich hin gegrummelt und ist ins Schlafzimmer gegangen. Auch im Kosovo hat Papa seine Geige nur zu Festen rausgeholt, wenn „unsere Leute" zusammen Musik gemacht haben. Aber die Leute, die hier um uns herum wohnen, sind nicht „unsere Leute", und deshalb hat er die Geige wahrscheinlich ganz vergessen.

„Eine Prinzessin könnte doch auch gut Sängerin werden", hat Venezia gemeint. „Aber was sollen wir ihr dann in die Hand stecken?"

„Tänzerin ist besser!", hat Armani gerufen. „Ich hole meine Schuhe! Die sind noch nicht so groß wie eure."

Aber da ist Papa schon mit dem Geigenkasten angekommen und hat den Bogen herausgeholt.

„Ihr habt recht. Ein guter Musiker zu sein, ist das Höchste, was man im Leben erreichen kann." Papas Stimme ist richtig feierlich geworden. „Princessa, meine Tochter! Ich wünsche dir in deinem Leben Gesundheit, Liebe und ganz viel Musik!" Und dann hat er versucht, ihr den Geigenbogen in die Hand zu drücken. Aber so ein Bogen ist natürlich viel zu groß für eine Babyhand, und Princessa fand das nicht lustig und hat angefangen zu schreien. Jamaica hat schnell ein Handyfoto gemacht, dann hat Mama Princessa aus dem Bettchen genommen und gestillt. Vielleicht will sie ja doch Sängerin werden. Eine kräftige Stimme hat sie schon.

Mai

Es gibt hier doch „unsere Leute", und Papa, der viel in der Stadt unterwegs ist, sagt, dass es jetzt schon viel mehr sind als im letzten Sommer. Manche bleiben aber nur kurz in Leipzig und ziehen dann in eine Stadt oder in ein anderes Land. Trotzdem ist das eine super Sache, denn jetzt werden wir Herdelezi feiern! Ich dachte schon, daraus wird nichts. Nur mit unserer kleinen Familie wäre das ja nicht lustig. Aber jetzt sind wir ganz viele Leute, und es wird ein richtiges Frühlingsfest wie zu Hause. Mama sagt, dass wir im Hof auf keinen Fall ein Lamm schlachten können, weil die Nachbarn dann bestimmt Ärger machen. Papa würde es vermutlich trotzdem versuchen, aber ich bin froh, wenn wir nicht selber schlachten. Im letzten Jahr habe ich dabei zugeguckt, und da hat mir das Lamm so leidgetan. Am liebsten hätte ich es wieder zurückgebracht. Wenn das Fleisch im Topf liegt, denke ich gar nicht mehr an das lebendige Tier, das es mal war. Dann riecht es so gut, dass ich es am liebsten schon aus dem Topf essen würde. Papa will das Lammfleisch jetzt im türkischen Supermarkt kaufen. Hauptsache, wir haben einen richtig großen Braten und können anderen Familien etwas davon abgeben – sonst ist das kein richtiges Herdelezi. Mama hat angefangen, unsere Wohnung extrem gründlich zu putzen. Für Herdelezi muss alles mit Wasser abgewaschen sein. Morgen werden wir die Tür und unseren Esstisch mit Blumen und Zweigen schmücken, und dann besuchen wir alle von unseren Leuten, die wir kennen, und wünschen ihnen „Bathalo Herdelezi! – Ein frohes Frühlingsfest!" Ich freue mich total auf die Musik und das gute Essen!

Immer noch Mai

Herdelezi war sehr schön. Und mit einem neuen Baby in der Familie fand ich es besonders schön. Princessa war ja noch nie dabei, und wir haben sie ganz viel herumgetragen und ihr die Blumen und grünen Zweige gezeigt. Beim Tanzen haben wir sie auf unserem Arm mittanzen lassen, und sie hat gequietscht vor Freude. Natürlich ist sie von allen bewundert worden, und jeder hat ihr Glück und ein langes Leben gewünscht.

In meiner Klasse bin ich der Einzige, der vier Geschwister hat. Die meisten haben nur einen einzigen Bruder oder eine einzige Schwester. Und manche haben überhaupt keine Geschwister! Erst habe ich gedacht, die Deutschen mögen keine Kinder, aber das stimmt nicht. Auf dem Schulweg sehe ich oft Eltern mit ihren kleinen Kindern, und die sind immer schön angezogen und sitzen in bequemen, ultra-edlen Kinderwagen. Wenn die

Kinder größer sind, fahren sie auf einem eigenen Fahrrad. Das ist bunt und glänzt. Oder sie sitzen hinten auf dem Fahrrad der Eltern auf einem eigenen Sitz und mit einem richtigen Helm auf dem Kopf. Ich wüsste mal gern, wie es bei denen zu Hause aussieht. Vielleicht hat so ein Kind ein Zimmer für sich allein und schläft in einem Himmelbett? Oder es bekommt alles, was es sich wünscht – immer und sofort –, und darf jeden Tag so viele Süßigkeiten essen, wie es will?

Ich war ja noch nie in einem Haus von den Deutschen. In unserem Haus wohnen lauter Leute, die von anderswo kommen. Nur Herr Kaselowski, der gleich unten rechts neben der Treppe wohnt und den Hof fegt, ist Deutscher, glaube ich. Aber der sieht nicht aus, als würde er immer alles bekommen, was er sich wünscht. Sein Fahrrad zum Beispiel ist so alt, dass er sich das Abschließen sparen kann.

Herdelezi war also sehr schön, aber nach dem Fest habe ich richtig Ärger gekriegt. Herdelezi beginnt nämlich am 5. Mai, das war ein Dienstag. Da mussten wir zu Hause alles vorbereiten und schmücken. Deshalb bin ich nicht in die Schule gegangen. Am 6. Mai, dem Mittwoch, bin ich sowieso zu Hause geblieben, das war ja der große Feiertag. Am Abend haben wir noch lange Musik gemacht und getanzt, und an Herdelezi dürfen natürlich alle

Kinder so lange aufbleiben, wie sie wollen. Am Donnerstag haben wir deshalb ganz lange geschlafen, und bis ich angezogen war, hat es sich schon gar nicht mehr gelohnt, in die Schule zu gehen. Außerdem mussten wir ja auch noch andere Familien besuchen und ihnen etwas von unserem Lammbraten bringen. Am Freitag bin ich dann wieder zur Schule gegangen, obwohl wir zu Hause immer vier Tage gefeiert haben und nicht nur zwei. Trotzdem war Frau Wetter sauer.

„Wo ist deine Entschuldigung?", hat sie gefragt, aber nicht freundlich, sondern fast wütend. „Wenn du krank bist, ist es okay, dass du zu Hause bleibst. Aber das müssen wir wissen. Du kannst nicht einfach so wegbleiben."

Beinahe hätte ich gerufen: „Ich war überhaupt nicht krank!", aber dann habe ich doch den Mund gehalten. Vielleicht ist es besser, Frau Wetter glaubt, dass ich krank war? Vielleicht ist es in Deutschland überhaupt besser, man ist krank und kommt nicht zur Schule, als dass man ein Fest feiert und deshalb nicht kommt?

Ich habe mich ganz ruhig hingesetzt und höflich gesagt: „Die Entschuldigung bringe ich bald."

„Wann ist denn bald?" Frau Wetter gibt nicht so leicht auf. Leider weiß ich selber nicht, wann bald ist. Wenn ich meine Entschuldigung selber schreiben könnte, würde ich es gleich heute Nachmittag tun. Aber das darf ich ja nicht. Mama kann immer gerade kein weißes Blatt Papier finden, wenn ich sie um eine Entschuldigung bitte. Oder der Kuli schreibt nicht. Und Papa findet Entschuldigungen sowieso doof.

„Müssen sich die deutschen Kinder entschuldigen, weil sie Weihnachten feiern? Mein Sohn muss sich nicht entschuldigen, wenn er die Feste seines Volkes feiert. Sag das ruhig deiner Frau Donnerwetter!"

Papa kann ja echt noch nicht viel Deutsch, aber manchmal kann er sogar deutsche Witze machen.

Am Montag hatte ich also immer noch keine Entschuldigung, aber da hat Frau Wetter nur tief geseufzt. „Komm mal nach dem Unterricht zu mir", hat sie gesagt. Sonst nichts. Ich habe die ganzen fünf Stunden darüber nachgedacht, was Frau Wetter wohl machen wird. Schlagen darf sie mich ja nicht, das ist in Deutschland verboten. Aber was dann?

Nach der letzten Stunde bin ich zu ihr nach vorne gegangen und habe gedacht, jetzt brüllt sie mich an oder sagt, dass ich nie mehr zur Schule kommen darf. Als alle anderen Kinder aus dem Klassenzimmer raus waren, hat Frau Wetter aber erst mal nichts gesagt und nur ganz ruhig ihre Tasche gepackt. Dann hat es plötzlich an der Tür geklopft.

„Das ist Frau Durakovic", hat Frau Wetter gesagt. – „Herein!" Eine ziemlich kleine Frau ist reingekommen, mit langen Haaren, einem schicken Kleid und einer schönen Halskette, nicht mit Wuschelkopf, Jeans und Kapuzenpullover wie Frau Wetter.

„Du kannst mit Frau Durakovic in deiner Sprache sprechen", hat Frau Wetter gesagt. „Es macht nichts, wenn ich das nicht verstehe. Erzähl ihr einfach, warum du in den letzten Tagen gefehlt hast."

In meiner Sprache? In unserer geheimen Familiensprache?
Die Sache kam mir komisch vor, aber die Frau hat mich sehr
freundlich angeguckt, und da habe ich es einfach versucht: „Wir
haben Herdelezi gefeiert, und meine Eltern schreiben mir keine
Entschuldigung."
„Welche Sprache ist das, die du da sprichst?", hat Frau Durako-
vic mich gefragt.
„Serbisch!"
„Serbisch?" Frau Durakovic hat die Augenbrauen so zusam-
mengezogen, dass ihr Gesicht noch kleiner wurde. Dann hat
sie ganz schnell und ganz viel gesagt – und ich dachte, ich bin
wieder im Kosovo.
„Das war Serbisch, mein Junge. Was du sprichst, ist Romanes."
Mist! Wenn ich geahnt hätte, dass sie auch Serbisch kann, hätte
ich „Russisch!" gesagt.
Aber da hat sich schon Frau Wetter eingeschaltet: „Romanes?"
Ausgerechnet dieses Wort hat sie aufgeschnappt. „Heißt so die
Sprache der Roma?"
„Ja, und Boss ist Roma."
Und dann hat Frau Durakovic mich einfach in den Arm genom-
men. Dafür brauchte sie sich kaum zu mir herunterzubeugen,
so klein ist sie.
„Mensch, Boss, sag das doch. Das macht alles einfacher. Frau
Wetter kann ja nicht ahnen, wie wichtig Herdelezi für uns
Roma ist. Das hättest du ihr erzählen können. Oder schämst du
dich?"
Ich konnte plötzlich gar nichts mehr sagen. Nicht auf Deutsch
und nicht in meiner Sprache. „Wenn du erzählst, dass du ein

Roma bist, kriegst du nur Probleme", sagt Mama immer. Aber
Frau Durakovic ist ja selber eine. Sie gehört also zu unseren
Leuten. Und denen darf ich es sagen. Oder ihr jetzt doch nicht?
Weil sie zur Schule gehört? Die erzählt das jetzt bestimmt
herum, und dann rufen alle: „Du blöder Roma!" Wie im Kosovo.
Ich habe immer noch nichts gesagt. Aber mein Kopf ist ganz
heiß geworden.
„Weshalb wollen deine Eltern dir denn keine Entschuldigung
schreiben?", hat Frau Durakovic gefragt. „Sag mal ehrlich:
Können deine Eltern lesen und schreiben?"
Zum Glück hat sie das nicht auf Deutsch gefragt und auch
nur ganz leise. Ich habe weiter auf meine Schuhe geguckt. Ich
konnte einfach nichts sagen. Nur: „Weiß nicht".
„Soll ich deine Eltern mal selber fragen? Vielleicht kann ich
ihnen helfen, wenn du das nächste Mal eine Entschuldigung
brauchst."
Ich habe wieder nichts gesagt, aber ich glaube, Frau Durakovic
hat gesehen, dass ich kurz genickt habe.

Zu Hause habe ich nichts erzählt von der Geschichte. Venezia
und Jamaica sind auf einer anderen Schule. Aber vielleicht glauben sie trotzdem, dass bald alle unser Geheimnis kennen, weil
Frau Wetter es jetzt rumerzählt. Armani macht mir immer alles
nach. Er soll aber jetzt bloß nicht denken, dass unser Geheimnis kein Geheimnis mehr ist, und es auch jemandem verraten.
Papa und Mama kriegen nächste Woche sowieso alles mit. Frau
Wetter will mit ihnen reden. Frau Durakovic wird dabei sein
und übersetzen. Vielleicht fällt den Erwachsenen dann ja ein,

wie wir das mit den blöden Entschuldigungen hinkriegen.

Nur Princessa kann ich alles schon
heute erzählen. Manchmal lege ich mich zu ihr aufs Sofa und
flüstere ihr etwas ins Ohr, was die anderen nicht hören dürfen.
Sie weiß noch nicht, wie blöd es ist, wenn man zu einem Volk
gehört, das kein eigenes Land hat. Aber sie guckt mich oft an,
als könnte sie mich sehr gut verstehen.

Juli

Mein Lieblingsplatz in Leipzig heißt Augustusplatz. Er ist
mitten in der Stadt, und jetzt, wo es in unserer Dachwohnung
heiß und stickig ist, ist er der beste Platz, um sich abzukühlen.
Am Augustusplatz gibt es einen riesigen Springbrunnen mit
einem großen Becken. Das Wasser ist nur ganz flach, aber es
reicht, um drin rumzuspringen und sich nass zu spritzen. Sogar
Princessa mag es, wenn Mama ihre Füße ins Wasser hält und
sie strampeln lässt.
Am Tag sitzen die Leute jetzt mit kurzer Hose am Wasser, und
manche Babys haben nur eine Windel an. Aber abends laufen
hier Leute über den Platz, die ultra-edel angezogen sind. Ich
habe das mal gesehen, als wir bis spät am Abend am Brunnen
geblieben sind. Am Augustusplatz steht nämlich ein großes
Konzerthaus: das Gewandhaus. Gewand heißt Kleid, und ich
habe sofort gemerkt, dass die Leute, die da abends hingingen,
ihre besten Kleider aus dem Schrank geholt hatten.
Ich hätte nie gedacht, dass ich selbst da mal reingehe. Aber
heute war ich drin. Echt wahr. Unsere ganze Klasse war im

Gewandhaus, aber nicht am Abend (die deutschen Kinder dürfen auf keinen Fall zu spät ins Bett kommen) und auch nicht mit schicken Klamotten, sondern so, wie wir immer zur Schule gehen. Frau Wetter hat alles organisiert: Wir sind einfach reingegangen, brauchten nichts zu bezahlen und durften uns in dem riesigen Saal in die ersten Reihen setzen. Ich habe so weit vorne gesessen, dass ich die Noten erkennen konnte, die auf der Bühne standen. Manche haben in ihren Noten herumgemalt, das habe ich genau gesehen. Und unter einem Stuhl standen eine Thermoskanne und eine Butterbrotdose. Es war also alles ganz gemütlich und gar nicht so ernst und feierlich, wie ich gedacht hatte.

„Das Gewandhausorchester ist eins der besten Orchester der Welt", hat Frau Wetter erzählt. Sie hat uns auch ein paar Bilder gezeigt, und auf denen hatten die Frauen alle lange schwarze Kleider an und die Männer elegante Anzüge und ein weißes Hemd mit silberner Fliege. Die Anzugjacken waren hinten viel länger als vorne, deshalb sahen die Männer alle ein bisschen

wie Pinguine aus. Ich hatte mich schon sehr auf die Pinguine gefreut, aber dann kamen die Musiker herein, und sie hatten alle Jeans und ganz normale Hemden oder T-Shirts an. Wir haben aber trotzdem geklatscht. Immerhin sahen ihre Instrumente sehr edel aus. Am schönsten fand ich die Trompeten und Posaunen. Die glänzten wie Papas Lackschuhe an Herdelezi.

Der Dirigent hat uns begrüßt und gesagt, wie das Stück heißt, das sie spielen wollten, aber das war irgendwas Kompliziertes, was ich mir nicht merken konnte. Danach hat er erklärt, dass das Orchester die Stücke für den nächsten Abend schon ziemlich gut kann, aber noch nicht supergut. Deshalb müssten sie noch üben. Wir dürften dabei zuhören und am Ende auch klatschen. Aber wir sollten nicht dauernd klatschen, weil sie oft unterbrechen würden, um die schwierigen Stellen so lange zu wiederholen, bis sie richtig gut klappen.
Das war die erste Überraschung. Ich hätte nie gedacht, dass Leute, die abends lange Kleider und silberne Fliegen tragen, noch üben müssen. Ich fand die ganze Zeit, dass sich alles schon super anhört, aber der Dirigent hat das Orchester trotzdem unterbrochen, und die Musiker mussten dann den letzten Teil noch mal spielen. Und noch mal. Manchmal viermal! Der Dirigent war freundlich, aber auch ganz schön streng.
Die zweite Überraschung war, wie sagenhaft schön die Musik war. Ich hatte gedacht, dass so ein Orchester ziemlich langweilige Musik macht und dass Frau Wetter uns dann tausendmal sagen wird, dass wir ruhig sein sollen. Aber wir waren alle ruhig, obwohl sie uns gar nicht ermahnt hat. Das ist mir aber

erst hinterher aufgefallen. Ich habe eine ganze Stunde lang vergessen, zu reden und auf meinem Platz herumzurutschen. Die andern auch. Wir waren alle ganz still und haben nach vorne geguckt, immer nur nach vorne.

Am Schluss hat der Dirigent gesagt, welches Stück sie morgen als Zugabe spielen wollen, falls die Leute besonders lange klatschen. (Ich wette, das machen sie!)
„Wir spielen den Ungarischen Tanz Nummer 5 von Johannes Brahms. Johannes Brahms war begeistert von der Musik der Zigeuner in Ungarn und hat Musik komponiert, die ähnlich klingt. Übrigens: Zigeuner war damals noch kein unfreundliches Wort. Man sagte einfach Zigeuner zu denen, die wir heute Roma nennen. – Viel Freude beim Zuhören!" Johannes Soundso hört sich nicht gerade nach Roma an, aber dieser Mann hatte es drauf! Die Musik war so sagenhaft schön, dass ich doch nicht mehr still sitzen konnte. Wenigstens meine Füße musste

ich bewegen. Wie die Deutschen so was hören können, ohne loszutanzen!

Am Schluss haben wir ganz lange geklatscht, und die Musiker haben sich oft und elegant verneigt. Ich habe am allerlängsten geklatscht und gar nicht gemerkt, dass die anderen schon zum Ausgang gegangen sind. Der Dirigent hat noch mit der Geigerin gesprochen, die direkt neben seinem Notenständer saß (die mit der Thermoskanne), und als ich gesehen habe, dass keiner nach mir guckt, bin ich schnell die Stufen zur Bühne hochgelaufen.

„Ich bin Roma. Und ich glaube, ich will jetzt auch Dirigent werden!", habe ich ihm gesagt. Ganz schnell und vielleicht nicht laut genug. Ich weiß nicht, ob er mich gehört hat. Ist aber eigentlich auch egal.

Auf dem Heimweg habe ich vor mich hin dirigiert und ein bisschen getanzt. Musik ist eben das Allerbeste auf der Welt.

Ist das alles wahr?

Ist das alles echt so passiert? Gibt es diese vier Kinder wirklich? Wohnt Kidist in einem Kinderheim bei Hamburg, Amir in Penzing, Yuna in Düsseldorf und Boss in Leipzig? Und haben sie alles genau so erlebt, wie es in diesem Buch steht?

Jaaa...ein.

Was ich in diesem Buch erzählt habe, habe ich mir nicht einfach ausgedacht. Die Geschichte von einem äthiopischen Mädchen, das in einer deutschen Großstadt landete und gar nicht wusste, wie diese Stadt heißt, ist tatsächlich wahr. Das Mädchen ist auch wirklich heimlich aus einem Hotel verschwunden, um endlich wieder zur Schule gehen zu dürfen und nicht mehr für fremde Leute arbeiten zu müssen. Aber dieses Mädchen heißt nicht Kidist, und auch einiges andere an ihrer Geschichte habe ich verändert. Das Mädchen möchte nämlich nicht, dass ihr Name und das, was sie erlebt hat, bekannt werden. Vielleicht hat sie immer noch ein bisschen Angst?

Auch andere Namen habe ich verändert. Die Kinder, die Lehrerinnen und auch manche Orte heißen in Wirklichkeit anders, aber wahr sind die Geschichten trotzdem. Was in diesen Geschichten passiert, ist nämlich irgendeinem Kind an irgendeinem Ort in Deutschland passiert. Ich habe gesammelt, was Kinder und Erwachsene mir erzählt haben, und dann aus den zehn oder zwölf Geschichten, die ich gehört hatte, diese vier Geschichten „gebacken".

Am Ende war ich mir sicher: Solche Geschichten hätte ich mir
gar nicht ausdenken können. Ich glaube sogar, es gibt eine
Regel, die für alle vier Geschichten gilt: Gerade das, was euch
vermutlich am seltsamsten und unglaublichsten erscheint,
ist tatsächlich so passiert. Viele Dinge im „echten Leben" sind
nämlich viel verrückter als das, was eine Autorin erfinden kann.
Das wusste ich eigentlich schon, aber beim Schreiben dieses
Buchs habe ich es noch einmal gemerkt.

Die Geschichten, die um uns herum passieren, sind wie Schätze,
die wir entdecken können. Mir hat das Suchen und Finden Spaß
gemacht. – Vielleicht versucht ihr es auch mal?

Danke!

Ich danke allen, die mir beim Schreiben dieses Buchs geholfen haben. Manche haben mir ihre eigene Lebensgeschichte erzählt. Manche haben mir von den Flüchtlingskindern erzählt, die sie kennengelernt und denen sie geholfen haben. Manche haben die Geschichten gelesen, als sie noch gar nicht ganz fertig waren, um zu prüfen, ob alles stimmt.
Und vor allem haben mich einige Lehrerinnen überhaupt erst auf die Idee gebracht, dieses Buch zu schreiben. Vielen Dank euch und Ihnen allen!

Besonders danke ich

- Nora Parasie aus Hamburg
- Kazuko Kanuma-Kölzer aus Düsseldorf
- Susanne Kindler aus Neubiberg bei München
- Meike Haarbeck aus Solingen
- Claudia Emde aus Penzing
- Anna Straus aus Köln
- Dr. Simone Eick aus Bremerhaven
- Ina Lackert aus Leipzig

*Ein freundliches Gesicht ist besser
als Kisten voller Gold.*
Arabisches Sprichwort

Wer hat dieses Buch geschrieben,
wer hat die Bilder gemalt?

Hanna Schott ist Autorin vieler erfolgreicher Bücher für Kinder und Erwachsene. Sie lebt in Haan/Rheinland.

www.hanna-schott.de

Volker Konrad ist Grafik-Designer und als selbstständiger Illustrator in Münster tätig.

www.volkerkonrad.eu

Inhaltsverzeichnis

Druck und Bindung des vorliegenden Buchs erfolgten in Deutschland

Das verwendete Papier ist FSC-zertifiziert. Als unabhängige, gemeinnützige, nichtstaatliche Organisation hat sich der Forest Stewardship Council (FSC) die Förderung des verantwortungsvollen und nachhaltigen Umgangs mit den Wäldern der Welt zum Ziel gesetzt

Die Deutsche Bibliothek verzeichnet diese Publikation in der Deutschen Nationalbibliografie; detaillierte bibliografische Daten sind im Internet über www.d-nb.de abrufbar

Umschlaggestaltung: spoon design, Olaf Johannson
Umschlagbild und Illustrationen: Volker Konrad
Satz: Neufeld Verlag
Herstellung: BELTZ Bad Langensalza GmbH

© 2016 Neufeld Verlag Schwarzenfeld

ISBN 978-3-86256-074-5, Bestell-Nr. 590 074

www.neufeld-verlag.de / www.neufeld-verlag.ch

Bleiben Sie auf dem Laufenden:
newsletter.neufeld-verlag.de
www.**facebook**.com/NeufeldVerlag
www.neufeld-verlag.de/**blog**

NEUFELD VERLAG